for

Michael Mongeau

to learn some

german —

to remember

10. June 1983

Tom

500 000 here in the

Sun — and the big

Nato boys and ladies on the other side
of the Rhine

Koordinierungsausschuß
der Friedensorganisationen (Hg.)

Aufstehn!
Für den Frieden

Friedensdemonstration anläßlich der
NATO-Gipfelkonferenz in Bonn am 10.6.1982

Mit Beiträgen von: Helga Arnold, Gert Bastian,
Luciana Castillina, Jon Davidson, Peter Degen,
Julia Esquivel, Abdalla Frangi, Jürgen Fuchs,
Shuntaro Hida, Stuart Holland, Susanne von Imhoff,
Mechtild Jansen, Gerhard Kade, Jo Leinen,
Klaus Mannhardt, Mohssen Massarat, Gus Newport,
Eva Quistorp, Werner Rätz, Bernadette Ridard,
Ursula Schwarzenberger, Tony Seedat, Dorothee Sölle,
Christoph Strässer, Karin Struck, Elisabeth Thölke-
Sommer, Ernst Urban
Redaktion: Jo Leinen, Klaus Mannhardt

Lamuv Verlag

CIP-Kurztitelaufnahme der Deutschen Bibliothek

Aufstehn! Für den Frieden / Friedensdemonstration anl. d. NATO-Gipfelkonferenz
in Bonn am 10. 06. 1982. Koordinierungsausschuß der Friedensorganisationen (Hg.).
Mit Beitr. von: Helga Arnold ... – Red. Jo Leinen; Klaus Mannhardt. –
1. Aufl., 1.–12. Tsd. – Bornheim-Merten: Lamuv Verlag, 1982.
    ISBN 3-921521-69-6

NE: Arnold, Helga [Mitverf.];
Friedensdemonstration <1982, Bonn>;
Koordinierungsausschuß der Friedensorganisationen

Fotos von: Markus Beck (11), René Böll (18), Romas Kühn (4), Irmel Kamp (3),
LAIF (3), Dk Kierzkowski (3), Dagmar von Kathen (3), Peter Degen (1), Lothar
Viehöfer (1), Reiner Nachtwey (1).

1. Auflage, 1.–12. Tausend, September 1982
© Copyright Lamuv Verlag, Martinstraße 7, 5303 Bornheim-Merten und
Koordinierungsausschuß der Friedensorganisationen, 1982
Umschlagentwurf: Gerhard Steidl unter Verwendung eines Fotos von
LAIF (Günay Ulutunçok)
Gesamtherstellung: Steidl, Düstere Straße 4, 3400 Göttingen
ISBN 3-921521-69-6

Inhaltsverzeichnis

V. Forum – Internationale Friedensbewegung

VI. Stimmen

Vorwort

Die Friedensdemonstration am 10. Juni 1982 anläßlich der NATO-Gipfelkonferenz in Bonn war die größte Massendemonstration in der Geschichte der Bundesrepublik Deutschland und zugleich der bisherige Höhepunkt für die heutige Friedensbewegung in unserem Land. Die weit über 400 000 Teilnehmer/innen machen deutlich, daß die Friedensbewegung seit der Demonstration am 10. Oktober 1981 noch größer und noch breiter geworden ist.

Dabei stand diese Friedensdemonstration unter keinem günstigen Stern. Anders als im Oktober 1981, wo sich die Friedensbewegung sowohl den Termin als auch die Inhalte für eine Großdemonstration selbst auswählen konnte, war mit der NATO-Gipfelkonferenz in Bonn und dem Besuch des amerikanischen Präsidenten Reagan ein politischer Rahmen vorgegeben, mit dem sich die Friedensbewegung auseinandersetzen mußte. Nicht nur ganz allgemein für Frieden und Abrüstung zu demonstrieren, sondern ganz konkret die Politik des amerikanischen Präsidenten und der NATO zu kritisieren, das brachte dieser Demonstration viele Gegner in den Medien, den Parteien und der Regierung. Wieder einmal wurde die Lüge verbreitet, daß die Friedensbewegung aus dem Osten gesteuert sei, daß es bei Anwesenheit so vieler Regierungschefs in Bonn zu gewaltsamen Auseinandersetzungen kommen müßte und daß überhaupt die ganze Demonstration ein rein emotionales Anti-Reagan-Festival sei. Selten wurde eine regierungsfreundliche Hofberichterstattung durch den tatsächlichen Ablauf einer großartigen Demonstration so entlarvt.

Den Gruppen der Friedensbewegung stand nicht viel Zeit zur Verfügung, um diese Großdemonstration vorzubereiten. Letztendlich blieben knappe 2 Monate, um die ganze politische und organisatorische Arbeit für eine solche Demonstration zu leisten. In dem politischen Leitungsgremium, dem Koordinierungsausschuß, arbeiteten 16 Organisationen, die in dieser Form noch nie zusammengearbeitet hatten. Daß es trotz aller politischen Differenzen und auch vieler praktischen Schwierigkeiten letztendlich gelungen ist, gemeinsam und auch solidarisch die große Friedensdemonstration über die Bühne zu bringen, war eine Bewährungsprobe für die Friedensbewegung und eine wichtige Voraussetzung für die weitere Zusammenarbeit zur Verhinderung neuer Atomwaffen und zur Erreichung konkreter Abrüstungsschritte.

Bei dieser Demonstration kam das bisher breiteste Bündnis zustande: Friedensgruppen, Umweltschutzinitiativen, Frauengruppen, Dritte-Welt-Gruppen und politische Organisationen fanden zusammen. Zum ersten Mal gab es auch eine größere Beteiligung aus den Reihen der katholischen Kirche. In weit stärkerem Maße als bisher beteiligten sich Gewerkschafter und riefen Gewerkschaftsgruppen, Jugendvertreter und Betriebsräte zur Demonstration auf. Diese Breite muß erhalten bleiben, wenn wir gegen den übermächtigen Gegner der Rüstungs-Lobby zum Erfolg kommen wollen.

Obwohl es am 10.6. selbst auch wiederum etliche Schwierigkeiten gegeben hat, war dieser Tag doch für alle Teilnehmer/innen ein Erlebnis, das nicht so schnell vergessen werden wird. Die Transparente und Plakate, die mitgebrachten Lieder und Slogans brachten die ganze Kraft und Vielfalt dieser Volksbewegung zum Ausdruck. Das gemeinsame Erlebnis mit so vielen anderen gleichgesinnten Menschen ließ die Strapazen eines mühevollen Anmarsches, einer hochsommerlichen Hitze und die Tücken der Technik bei der Übertragung des Programms teilweise wieder vergessen.

Diese Friedensdemonstration war politisch äußerst wichtig. Noch mehr als bereits in der Zeit davor hat sich eine Diskussion über die Verhinderung der sog. NATO-Nachrüstung hinaus mit der Zielsetzung einer alternativen Sicherheits- und Verteidigungspolitik in Europa herausgebildet.

Das Ziel eines atomwaffenfreien Europas, die Verhinderung auch weiterer konventioneller Aufrüstungen, die eigenständige Rolle Europas bei der Definierung seiner Sicherheitsinteressen usw. lassen eine intensive und langjährige Diskussion erwarten. Die Friedensbewegung war zurecht darüber mißtrauisch, daß der amerikanische Präsident Reagan in Wirklichkeit seine Politik nicht geändert hatte, sondern daß er nur mit einem ungeheuren publizistischen Aufwand in Europa als »Friedenstaube« verkauft werden sollte. Die Verabschiedung des größten Rüstungshaushalts aller Zeiten in den USA und der Handelskrieg gegen die Sowjetunion lassen erkennen, daß die Politik der militärischen Stärke und des ideologischen Kreuzzugs immer noch die Meßlatte ist, an der die amerikanische Regierung beurteilt werden muß. Umso trauriger, daß die CDU mit ihrer Demonstration wenige Tage vor dem NATO-Gipfel versucht hat, all diese menschheitsbedrohenden Entwicklungen zu verkleistern und zu rechtfertigen. Hinter wem die Mehrzahl der sensibel gewordenen Menschen in diesem Lande steht, das konnte man aufgrund der kläglichen CDU-Demonstration am 5. Juni und der Großdemonstration am 10. Juni erkennen.

Die Friedensbewegung kann nach dem 10. Juni mit noch mehr Selbstbewußtsein und noch mehr Zuversicht weiterarbeiten. Es hat sich gezeigt, daß derartige politische Höhepunkte nur in einer gemeinsamen Aktion der verschiedensten Organisationen und Gruppen zustande gebracht werden können. Eine einzelne Richtung innerhalb der Friedensbewegung wäre nie und nimmer in der Lage gewesen, solche Erfolge zu erreichen. Es hat sich auch gezeigt, daß eine gemeinsame Aktion nicht zur Verdeckung der Vielfalt dieser Friedensbewegung führt. Die Vielfalt in der Einheit wurde durch die verschiedensten Redner, Büchertische und insbesondere der Transparente deutlich.

Aktionsmöglichkeiten für die Friedensbewegung gibt es viele: Friedensmärsche, Friedenscamps, Aktionen vor Atomwaffenlagern, Fastenaktionen, Friedenswochen, Ostermärsche, atomwaffenfreie Städte und Gemeinden, Kirchentage und etliche weitere Ideen bieten sich an. Im Jahre 1983 muß die Friedensbewegung ihren öffentlichen Druck noch mehr steigern, um die Stationierung neuer Atomraketen zu verhindern und einen wirklichen Durchbruch in Richtung Abrüstung zu erreichen.

Es bleiben natürlich noch viele offene Fragen: Was macht die Friedensbewegung, wenn die Stationierung neuer Atomwaffen verhindert werden kann? Haben wir dann genügend Kraft, um auch alle bereits in Europa gelagerten Atomwaffen wegzubringen? Haben wir denn schon ausreichend konkrete Vorstellungen für ein alternatives Sicherheitssystem? Sind wir auch in der Lage, konventionelle Rüstungsprojekte zu Fall zu bringen? Was passiert andererseits, wenn trotz unserer Aktionen, Demonstrationen und des ungeheuren Drucks aus der Bevölkerung die Regierungen bei ihrer Entscheidung bleiben, neue Atomwaffen zu stationieren? Nehmen wir diese Entscheidung dann hin und gehen zur Tagesordnung über, oder sind wir dann bereit, uns dieser Politik entgegenzustellen und zu verweigern?

Die Friedensbewegung hat noch viele Aufgaben vor sich, um die Gewalt und den Krieg aus dieser Welt zu schaffen. Wir wünschen uns, daß noch viel mehr Menschen die Gefahren der weltweiten Aufrüstung erkennen und sich der Friedensbewegung anschließen.

Jo Leinen, Klaus Mannhardt, Eva Quistorp

Aufstehn!

Trotz der weltweit wachsenden Friedensbewegung und der Anfang Juni beginnenden UNO-Abrüstungskonferenz in New York will die NATO am 10. Juni eine Gipfelkonferenz in Bonn durchführen, um neue Aufrüstungsprogramme zu beraten. Mit dieser Konferenz sollen die NATO-Staaten auf die von der Reagan-Administration angestrebte weltweite Vormachtstellung festgelegt werden. Dieser NATO-Gipfel ist eine Herausforderung für alle Menschen, die für die Erhaltung des Friedens und für konkrete Abrüstungsschritte eintreten.

Die weltweite Aufrüstung hat unvorstellbare Ausmaße angenommen. Die 80er Jahre werden mehr und mehr zum gefährlichsten Jahrzehnt in der Geschichte der Menschheit. Die Gefahr der atomaren Vernichtung der Welt wird immer größer. Seit mehr als 30 Jahren haben NATO und Warschauer Pakt so viele Waffen angehäuft, daß jedes Leben auf der Erde mehrfach vernichtet werden kann. Diese Gefahr wächst durch eine neue Generation atomarer Vernichtungswaffen und die Fortentwicklung von chemischen und bakteriologischen Waffen.

Jährlich werden über 1,3 Billionen DM für Rüstung ausgegeben, das sind über 40.000 DM in der Sekunde. Jede Sekunde wird auch ein Kind geboren und über ein Drittel dieser Kinder sterben vor Vollendung des ersten Lebensjahres. Rüstung tötet nicht erst im Krieg; Rüstung bedeutet schon täglich, stündlich den Tod für viele; denn diese Aufrüstung geht auf Kosten der Länder der Dritten Welt, wo jedes Jahr Millionen Menschen an Hunger sterben. Bei uns steigt die Arbeitslosigkeit, werden soziale Leistungen gestrichen und bleiben dringend notwendige Umweltschutzmaßnahmen aus.

Unser Ziel ist die vollständige weltweite Abrüstung, zu der wir konkrete Schritte in Europa durchsetzen wollen. Europa ist in besonderer Weise durch die Aufrüstung bedroht. Hier lagern jetzt schon mehr Atomwaffen auf engstem Raum als sonst irgendwo auf der Welt. 1983 sollen laut NATO-Doppelbeschluß neue amerikanische Atomraketen, Pershing II und Cruise Missiles in West-Europa, vor allem in der Bundesrepublik, stationiert werden. Diese neuartigen Waffensysteme entsprechen der US-Strategie eines auf Europa begrenzten Atomkriegs. Pershing II und Cruise Missiles sind zur Führung eines atomaren Erstschlags geeignet. Sie bringen nicht mehr Sicherheit, sondern erhöhen die Kriegsgefahr.

In dieser lebensbedrohenden Situation sind die Europäer aufgerufen, ihre Interessen nach Frieden und Abrüstung selbst wahrzunehmen. Die Genfer Verhandlungen zwischen der UdSSR und den USA haben nur einen Sinn, wenn sie zur tatsächlichen Abrüstung der nuklearen Mittelstreckenwaffen in Ost und West führen. Erste Voraussetzung dafür ist die Verhinderung der geplanten atomaren Aufrüstung durch Pershing II und Cruise Missiles. Eine Lösung, die nur landgestützte Mittelstreckenraketen beinhaltet, ist eine verlogene „Nullösung". Eine echte Nullösung im Mittelstreckenbereich muß alle Mittelstreckenwaffen umfassen. Wachsender Druck der Friedensbewegung ist hierfür notwendig.

Frieden ist für uns mehr als die Abwesenheit von Krieg. Frieden fordert soziale und wirtschaftliche Gerechtigkeit, politische Freiheit, die Achtung der Menschenrechte und das Selbstbestimmungsrecht der Völker.

Wir wenden uns mit aller Entschiedenheit gegen die menschenverachtende Interventionspolitik der US-Regierung in Zentralamerika, dem Nahen Osten, dem südlichen Afrika und anderen Teilen der Welt.

Wir fordern von der Bundesregierung die eindeutige Unterstützung einer politischen Lösung in El Salvador unter Beteiligung der vereinigten Opposition FDR/FMLN, die als repräsentative politische Kraft anerkannt werden muß. Die Grausamkeiten, die von pro-amerikanischen Marionettenregierungen an wehrlosen Menschen begangen werden und die Anhäufung von immer mehr Vernichtungswaffen bei uns, sind das Ergebnis ein und derselben Politik der US-Regierung, wieder unbestrittene Weltmacht Nummer Eins zu werden.

BONN 10.6. AUFSTEHN! FÜR DEN FRIEDEN.

Für den Frieden.

Den Widerstand verstärken!
Keine neuen Atomraketen in Europa!

Wir verurteilen die Unterstützung der Militärregierung in der Türkei durch die NATO-Mitgliedsstaaten.

Wir sind für die Aufhebung des Kriegsrechts und eine politische Lösung in Polen. Wir wehren uns aber dagegen, daß die Situation in Polen durch die NATO als Mittel zur Verschärfung der internationalen Spannungen genutzt wird.

Wir fordern eine politische Lösung des Konflikts in Afghanistan, die die nationale Selbstbestimmung des afghanischen Volkes sicherstellt, jegliche ausländische Einmischung beendet und den Abzug der sowjetischen Truppen einschließt.

Wir wenden uns gegen jede Verletzung des Selbstbestimmungsrechts der Völker der Welt, egal von wem und wo immer sie begangen wird.

Unser Widerstand gegen die atomare Bedrohung darf nicht nachlassen. Das Gleichgewicht des Schreckens kann den Frieden nicht sichern. Wir wollen dem alten Militärdenken unsere Friedenskonzepte entgegensetzen. Dazu brauchen wir weiterhin Mut, Kraft, Phantasie und langen Atem.

Allein eine starke Friedensbewegung kann zusammen mit den Befreiungsbewegungen in der Dritten Welt die Politik der USA und der NATO durchkreuzen. Dabei stehen wir Europäer nicht allein. Auch in den USA wächst die Friedensbewegung. Das „andere" Amerika ist längst zu einem mächtigen Verbündeten im Kampf gegen den Kriegskurs der US-Regierung geworden.

Deshalb rufen Organisationen und Gruppen der Friedensbewegung anläßlich des NATO-Gipfels und der UNO-Abrüstungskonferenz vom 5. — 12. Juni bundesweit zu Friedensaktionen auf.

— Wir fordern die Regierungen der Mitgliedsländer der NATO auf, ihre Zustimmung zum Beschluß über die Stationierung neuer Mittelstreckenraketen Pershing II und Cruise Missiles zurückzuziehen. Damit soll der Weg für die Verringerung der Atom- und aller anderen Massenvernichtungs-Waffen in West- und Osteuropa eröffnet werden mit dem Ziel, einen wechselseitigen umfassenden Abrüstungsprozeß in Gang zu setzen.

— Wir fordern eine drastische Senkung der Rüstungen in Ost und West.

— Wir wehren uns gegen neue Atomwaffen, Neutronenbomben und Giftgase in Europa.

— Wir treten ein für ein atomwaffenfreies Europa, in dem Atomwaffen weder gelagert noch hergestellt oder verwendet werden.

— Wir fordern die USA auf, in Genf ernsthaft zu verhandeln, so daß eine wirkliche Nullösung mit der Abschaffung aller atomaren Mittelstreckenwaffen erreicht wird.

— Unsere Regierungen müssen eigene Initiativen zu wirksamen Abrüstungsverhandlungen und zur Fortsetzung der Entspannungspolitik ergreifen.

— Wir fordern den sofortigen Stop deutscher Rüstungsexporte in Krisenherde und Länder der Dritten Welt.

— Wir fordern die Bundesregierung auf, jede direkte und indirekte Unterstützung der US-Interventionspolitik in Mittelamerika zu unterlassen.

Voraussetzung für die erfolgreiche Durchsetzung dieser Forderungen ist eine starke Friedensbewegung!

Kommt alle!
Zur internationalen Friedensdemonstration

11.00 Uhr	DEMONSTRATIONEN
13.00 Uhr	FOREN

1. Frieden und Selbstbestimmung in der Dritten Welt
2. Rüstung, Umweltzerstörung und Sozialabbau
3. Internationale Friedensbewegung
4. Nato-Politik, Atomkriegsstrategie — Kritik und Alternativen

16.00 Uhr HAUPTKUNDGEBUNG

am 10. Juni nach Bonn

Politischer Träger der Demonstration am 10. Juni in Bonn ist der Koordinierungsausschuß 'Aufstehn für den Frieden': Anstiftung der Frauen zum Frieden / Arbeitsgemeinschaft Katholischer Hochschul— und Studentengemeinden, Sprechergruppe / Bundeskongreß Autonomer Friedensinitiativen / Bundeskongreß Entwicklungspolitischer Aktionsgruppen — Antiinterventionsbewegung / Bundesverband Bürgerinitiativen Umweltschutz / Initiative Demokratische Sozialisten / Deutsche Friedensgesellschaft — Vereinigte Kriegsdienstgegner / Deutsche Jungdemokraten / Evangelische Studentengemeinden / Föderation gewaltfreier Aktionsgruppen / Die Grünen / Komitee für Frieden, Abrüstung und Zusammenarbeit / Konferenz der Landesschülervertretungen / Russell—Initiativen / Sozialistische Deutsche Arbeiterjugend / Sozialistische Jugend Deutschlands — Die Falken / Vereinigte Deutsche Studentenschaften

Geschäftsführende Organisationen: BBU / DFG—VK / Anstiftung der Frauen zum Frieden / ESG / BUKO / VDS

Bis zum 8.6.1982 haben nachstehende 1831 internationale, bundes- und landesweite sowie örtliche Organisationen und Initiativen den Aufruf "Aufstehn für den Frieden" unterzeichnet:

Presseerklärungen

Presseerklärung des Koordinierungsbüros zum Falkland/Malvinen-Konflikt

Bonn, den 26.5.1982

Die Geschäftsführung der internationalen Friedensdemonstration am 10.6. erklärt zum Krieg um die Falkland/Malvinen-Inseln:

»Für uns ist die Sicherung des Friedens die wichtigste Aufgabe der Gegenwart. Mit Bestürzung erfüllt uns deshalb die Unbedenklichkeit, mit der das NATO-Land Großbritannien seine Streitmacht in Bewegung setzt.

Auch wenn wir die militärische Durchsetzung des argentinischen Souveränitätsanspruches auf die Inseln nicht gutheißen, gehen wir davon aus, daß die Inseln argentinisch sind. Dies wurde u.a. durch einen Beschluß der UNO im Jahre 1965 festgestellt. Wir sind uns bewußt, daß die argentinische Militärjunta die Durchsetzung ihrer Ansprüche gegenwärtig v.a. zur innenpolitischen Stabilisierung nutzen will. Niemand von uns vergißt das Schicksal der von der Junta Gefolterten und der »Verschwundenen« in Argentinien.

Gerade weil wir die Menschenrechtsverletzungen in Argentinien entschieden verurteilen, protestieren wir jetzt gegen die gefährliche Eskalation des Malvinen-Konfliktes durch die Invasion britischer Truppen. Frau Thatcher gibt vor, »Prinzipien« zu verteidigen, 15.000 km von Großbritannien entfernt, will sie mit Waffengewalt »britische Interessen« durchsetzen. Sie behauptet, diese Interessen müßten gegen die Militärdiktatur durchgesetzt werden. In Wirklichkeit werden die Interessen des britischen und des argentinischen Volkes durch dieses Kriegsabenteuer mit Füßen getreten. Unsere Solidarität gehört deshalb der englischen Anti-Kriegs-Bewegung, die am letzten Samstag in London demonstrierte. Unsere Solidarität gehört den argentinischen Demokraten, die gegen die britische Invasion protestieren, ohne damit die sonstige Politik der Militärs zu stützen.

Dadurch, daß die Regierungen der USA und Westeuropas sich auf die Seite der britischen Invasionspolitik gestellt haben, wurde die Gefahr vergrößert, daß der Krieg im Südatlantik sich zu einem internationalen Konflikt ausweitet. Gerade der Bundesregierung, die jahrelang die argentinischen Militärs mit Waffen und Atomtechnologie belieferte, stände es gut an, jetzt Zurückhaltung zu zeigen.

Statt sich jetzt auf die von Großbritannien geforderte Boykottpolitik gegenüber Argentinien einzulassen, müßte die eigentliche Konsequenz das sofortige Verbot jeglichen Rüstungsexportes sein.

Wir fordern zur Beendigung des Falkland/Malvinen-Krieges:
- Abzug aller Truppen von den Falkland/Malvinen-Inseln in ihre Heimatländer
- Sofortige Verhandlungen über die Realisierung des UNO-Beschlusses zur Herstellung der argentinischen Souveränität
- Keine Unterstützung der britischen Invasionspolitik durch die Bundesregierung

Geschäftsführender Ausschuß: BBU – DFG/VK – Anstiftung der Frauen zum Frieden – ESG – BUKO/AIB – vds

Presseerklärung des Koordinierungsbüros zur CDU-Demonstration: Kampfansage an die Friedensbewegung

Der Aufmarsch der CDU am 5. Juni in Bonn ist eine Kampfansage an die Friedensbewegung und an alle Bürger, denen Frieden und Abrüstung ernsthafte Anliegen sind.

Die CDU betreibt einen Etikettenschwindel ersten Ranges, wenn sie im Vorfeld des Nato-Gipfels versucht, sich der Bevölkerung als eine »Friedenspartei« zu verkaufen, während in Wahrheit alle sicherheitspolitischen Aussagen der Christdemokraten auf eine massive atomare und konventionelle Aufrüstung hinauslaufen. Die CDU ist eine Aufrüstungspartei, deren Politik zur Verschärfung der innenpolitischen und internationalen Spannungen und damit zu einer Erhöhung der Kriegsgefahren führt.

I. Die CDU ist der klassische Gegner jeder Friedensbewegung in der Bundesrepublik

Die Politik der CDU hat Tradition und hat sich in ihrem tiefsten Wesen bis auf den heutigen Tag nicht geändert. Die CDU braucht für ihre Politik Feindbilder und hat jede Art von Friedensbewegung in den letzten 30 Jahren mit üblen Diffamierungskampagnen angegriffen. Wann immer sich der Wunsch nach Abrüstung und Entspannung in der Bevölkerung öffentlich geäußert hat, sind die friedenspolitischen Ansätze von der CDU als »nützliche Idioten, moskauhörig, friedensgefährdend« usw. diffamiert worden. Wir erinnern an die Hetzkampagnen der CDU gegen die Anti-Atomtod-Bewegung der 50er Jahre, die Ostermärsche der 60er Jahre und die Versuche zur Entspannungspolitik der frühen 70er Jahre.

Die gehässigen Ausfälligkeiten der CDU gegen die neue Friedensbewegung unserer Tage reihen sich nahtlos in diese unbewältigte Vergangenheit ein. Es sollte in Erinnerung gebracht werden, daß die CDU ihre Demonstration am 5. Juni nicht aus eigenem Antrieb organisiert hat, sondern als erklärte Reaktion auf die Ankündigung der Friedensbewegung, am 10. Juni in Bonn während des Nato-Gipfels für Frieden und Abrüstung zu demonstrieren.

II. Die CDU ist eine Aufrüstungs-Partei

Die Friedens- und Abrüstungsgesänge der CDU sind falsche Sirenenklänge und trojanische Pferde, hinter denen sich in Wahrheit ein massives atomares und konventionelles Aufrüstungsprogramm verbirgt. Die Politik der CDU ist für die Friedensbewegung völlig unglaubwürdig.

CDU-Demonstration, Bonn 5. 6. 1982

In ihrem Reden und Handeln zeigt sich die CDU immer noch als eine Partei, die dem Kalte-Kriegs-Denken verhaftet bleibt, die keinem Konfrontationskurs im Ost-West-Verhältnis aus dem Wege geht, die im Zweifelsfall immmer der Aufrüstung das Wort redet und die vernünftige Abrüstungsvorschläge als Kapitulantentum abstempelt.

Aufbrechende Widersprüche in der CDU selbst werden von der Mehrheitsfraktion der Falken sofort einkassiert und mit linientreuen Rüstungsappellen überspült.

Die Kritik des CDU-Generalsekretärs Heiner Geißler an den Rüstungsexporten hat dazu geführt, daß die CDU inzwischen eine »Liberalisierung« bundesdeutscher Waffenexporte fordert. Heiner Geißler wird am 5. Juni wieder treu und brav für die friedenserhaltende Funktion von Rüstungsexporten reden.

Das Philosophieren eines Verteidigungsexperten (Wörner) über den Unsinn der Nato-Strategie des atomaren Erstschlags führt mittlerweile dazu, daß die CDU sich aus der international laufenden Strategiedebatte wieder zurückzieht und stattdessen die bedingungslose Stationierung neuer Atomwaffen und eine umfangreichere konventionelle Aufrüstung fordert.

III. Die CDU-Demonstration ist anti-amerikanisch

Die CDU kann es drehen und wenden, wie sie will: ihr Show-business am 5. Juni in Bonn ist eine Jubel-Veranstaltung für US-Präsident Reagan und seine Aufrüstungspolitik. In keinem anderen westeuropäischen Land, das Reagan auf seiner Rundreise besuchen will, hat sich eine politische Partei bereit gefunden, eine derart peinliche Veranstaltung auf die Beine zu stellen.

Während die Mehrheit der Amerikaner das gigantische Aufrüstungsprogramm der Reagan-Administration ablehnt und in den USA die Friedensbewegung rapide anwächst, veranstaltet die CDU ein »Reagan-Jubel-Festival«, um diese gefährliche Politik hoffähig zu machen. Im Hinblick auf die katastrophalen Auswirkungen des amerikanischen Rüstungsetats für die Sozialpolitik in den USA ist die CDU-Demonstration als wahrhaft anti-amerikanische Veranstaltung zu bezeichnen.

Die leichtsinnige Diffamierung der bundesdeutschen Friedensbewegung als anti-amerikanisch und die daraus entstandenen anti-deutschen Gegenreaktionen in den USA haben dazu geführt, daß die CDU den Interessen der Bundesrepublik geschadet hat. Während die CDU ihre Kniefall-Demonstration vor der Politik einer anderen Regierung inszeniert, steht die Demonstration der Friedensbewegung am 10. Juni für die Bewahrung der Souveränität unseres Landes und für die Überlebensinteressen der Menschen in Europa.

IV. CDU-Spektakel: eine außerordentliche Wahlkampfveranstaltung auf Kosten des Steuerzahlers

Obwohl der CDU-Vorsitzende Helmut Kohl erklärt hat, daß für die »Unkosten« infolge des Wochenendausflugs nach Bonn keine Spenden-Quittungen ausgegeben werden würden, liegen den Veranstaltern Rundschreiben von CDU-Kreisverbänden vor, die denjenigen, »die es sich leisten können, die Fahrtkosten selbst zu bezahlen«, die Aushändigung einer Spendenquittung versprechen.

Damit wird der Steuerzahler für das CDU-Festival doppelt zur Kasse gebeten: über Steuerrückvergütungen durch Spendenquittungen und über die aufwendigen Demonstrationskosten von weit mehr als 1 Million DM, die aus der Parteikasse und damit auch aus Wahlkampfrückerstattungsgeldern gezahlt werden.

Selbst diese friedenspolitisch verbrämte Dalli-Dalli-Veranstaltung hat einen militaristischen Charakter: so sind im Programm die Gruppe »Colt 45«, die Stadtsoldaten und Fanfaren- und Militärmusik vorgesehen . . .

Übrigens: Der von Helmut Kohl schwärmerisch in Superlativen als »größte Demonstration der Nachkriegsgeschichte in Bonn, die von einer Partei organisiert worden ist« angekündigte Aufmarsch am 5. Juni hat offensichtlich noch 2 Tage vor dem Ereignis erhebliche Mobilisierungsprobleme. Ein Rundruf bei einer Reihe von CDU-Geschäftsstellen hat ergeben, daß trotz erheblicher Fahrpreissubventionierungen und teilweisen Gratis-Angeboten in vielen Bussen und Zügen noch eine erhebliche Unterbesetzung herrscht. Ob die angekündigten 100 000 Teilnehmer nur auf dem Papier stehen und der Wunsch der Vater des Gedankens war?

Die CDU wird mit dieser Veranstaltung dem Friedensgedanken wieder einmal einen Bärendienst erweisen.

Für die Geschäftsführung: Tissy Bruns / Peter Grohmann / Jo Leinen / Klaus Mannhardt / Eva Quistorp / Werner Rätz

Presseerklärung

1. **Die Neubelebung der Sicherheitsdiskussion und die Wiederaufnahme von Ost-West-Verhandlungen sind erste Erfolge der amerikanischen und europäischen Friedensbewegung.**

2. **US-Präsident Reagan: Immer noch keine Friedenstaube, sondern eher ein Wolf im Schaffell.**

3. **Die Friedensbewegung fordert einen weltweiten Rüstungsstop und warnt vor konventionellen Aufrüstungsprogrammen.**

Bonn, den 8. 6. 1982

Die in den letzten Monaten entstandene Diskussion über die NATO-Strategie und die Neuorientierung der Sicherheitspolitik ist ein erster Erfolg für die amerikanische und europäische Friedensbewegung. Der wachsende öffentliche Druck hat bei einigen Politikern und Verteidigungsexperten zu erstaunlichen Vorschlägen geführt. Was noch vor einem Jahr zum Tabu-Katalog der Verteidigungsphilosophie gehörte, wird jetzt sogar von CDU-Politikern öffentlich gehandelt. Die Friedensbewegung macht sich jedoch keine Illusionen darüber, daß mancher dieser wohlklingenden Vorschläge eine falsche Friedenssirene ist und als Deckmantel für neue Aufrüstungsprogramme dienen soll. Die Friedensbewegung wird sich nicht täuschen lassen und alle Vorschläge auf ihre politischen Hintergedanken sowie ihren friedenspolitischen Gehalt abklopfen.

1. **Anläßlich der UNO-Abrüstungskonferenz in New York fordert die Friedensbewegung einen weltweiten Rüstungsstop.** Die gigantische Aufrüstung und die damit verbundenen Kosten und Gefahren haben ein Ausmaß erreicht, das nicht mehr mit rationalen Verteidigungsanstrengungen gerechtfertigt werden kann, sondern nur noch als eine irrationale Psychose der Militärlobby zu verstehen ist. Dagegen muß sich jeder vernünftig denkende Mensch zur Wehr setzen.

2. **Die Friedensbewegung** ist sich nach wie vor in der Ablehnung des NATO-Doppelbeschlusses und in dem Widerstand gegen die drohende Stationierung der Pershing II-Raketen und Cruise Missiles einig. Auch die amerikanische Freeze-Kampagne hat sich dieser Meinung mittlerweile angeschlossen. Wir bleiben bei unserer Einschätzung, daß bei Berücksichtigung aller Waffensysteme beider Blöcke in diesem Bereich und in Anbetracht der neuen Qualität dieser Atomwaffen nicht eine »Nach«-Rüstung, sondern eine Vorrüstung der NATO betrieben wird, die einen auf Europa begrenz-

ten Atomkrieg möglich machen soll. **Die Friedensbewegung fordert von der NATO-Gipfelkonferenz ein Abrücken vom Doppelbeschluß des Jahres 1979.** Die Einbeziehung der amerikanischen vorgeschobenen Basen (forward based systems) sowie die Berücksichtigung der französischen und britischen Mittelstreckenpotentiale bei den Genfer Verhandlungen würden die Chance für eine echte »Null-Lösung« eröffnen.

3. **Die Friedensbewegung gibt sich nicht mit der Verhinderung neuer Massenvernichtungswaffen zufrieden. Wir fordern die Abschaffung aller Atomwaffen in Europa und die Einrichtung atomwaffenfreier Zonen.** Die nukleare Abschreckungsdoktrin ist für Europa keine Verteidigungspolitik, sondern eine Garantie der totalen Vernichtung. Die öffentliche Diskussion über die Qualität der in der Bundesrepublik lagernden Atomwaffen hat den Druck zur Veränderung dieses unhaltbaren Zustands verstärkt. Zwei Drittel der in der Bundesrepublik lagernden Atomwaffen haben eine maximale Reichweite bis zu 150 Kilometern: ihr Einsatz würde deshalb zur Vernichtung und Verseuchung der Menschen in Mitteleuropa führen. Die NATO-Strategie der flexible response ist eine aus amerikanischer Sicht hervorragend geeignete Vorne-Verteidigung der USA, die nicht im Interesse der Europäer liegt. Es ist deshalb kein Wunder, daß sich die Politiker aller Parteien von Bahr über Möllemann bis Wörner beeilen, die aufbrechende öffentliche Diskussion durch eigene, teils richtungsweisende, teils unergiebige Vorschläge wieder einzufangen. **Die Friedensbewegung fordert die Aufgabe der nuklearen Abschreckungspolitik sowie den Abzug aller Atomwaffen aus der Bundesrepublik.**

4. **Die Friedensbewegung wehrt sich entschieden gegen den Versuch, die Rüstungsspirale durch neue konventionelle Aufrüstungsprogramme weiter voranzudrehen.** Für die Erhaltung des Friedens ist nichts gewonnen, wenn anstelle von alten Atomwaffen neueste konventionelle Waffensysteme aufgebaut werden. Selbst das derzeitige Rüstungsniveau des Warschauer Paktes in diesem Bereich rechtfertigt angesichts der Modernisierung und der technologischen Qualität der NATO-Waffen keine konventionelle Aufrüstung. Die hierfür notwendigen Finanzmittel müßten zudem auf Kosten des Sozialstaats aufgebracht werden.

5. **Die Friedensbewegung lehnt jede Ausweitung der Zuständigkeit der NATO ab,** wie sie vom amerikanischen Verteidigungsminister Weinberger erst kürzlich wieder als Forderung für den Bonner NATO-Gipfel aufgestellt und bereits vorbereitet wird. Die Europäer können kein Interesse daran haben, die Hilfstruppen der USA zu sein, damit diese ihre Rolle als Weltpolizist Nr. 1 besser ausspielen können. Die Gefahr des Überspringens militärischer Konflikte aus anderen Teilen der Welt auf den mit Waffen vollgestopften europäischen Kontinent ist zu groß.

6. Frieden und militärische Abrüstung können nicht in einem Klima der Konfrontation und der Verschärfung internationaler Spannungen gedeihen. Die Friedensbewegung fordert daher eine verstärkte Zusammenarbeit zwischen Ost und West, um gemeinsame Interessen an der Erhaltung des Friedens aufzubauen und Spannungen abzubauen.

7. Viele Europäer leben in einer Illusion des Friedens, ohne zu merken, daß fast ständig kriegerische Auseinandersetzungen in den Ländern der sogenannten 3. Welt stattfinden. **Die Friedensbewegung fordert deshalb einen Stop für Rüstungsexporte** und eine Beendigung der Interventionspolitik gegenüber anderen Ländern.

Mit diesem Selbstverständnis und diesen Forderungen wird die Friedensbewegung am 10. Juni anläßlich des NATO-Gipfels in Bonn und Berlin demonstrieren. Dabei werden wir uns mit der Politik des amerikanischen Präsidenten Reagan, der britischen Regierungschefin Thatcher und dem türkischen Militärregime auseinandersetzen.

Die besondere Aufmerksamkeit gilt dabei der Politik der amerikanischen Regierung unter Präsident Reagan. Ronald Reagan hat mit seinen Kraftsprüchen vom atomaren Erstschlag, vom begrenzten Atomkrieg und von der Politik der militärischen Überlegenheit die Europäer in Angst und Schrecken versetzt.

Obwohl diese Aussprüche erst wenige Monate alt sind, hat sich die Tonlage des amerikanischen Präsidenten einige Wochen vor seiner Europareise auf wundersame Art und Weise verändert. Allzu offensichtlich wird mit dieser aufpolierten Imagepflege der Versuch gemacht, die öffentliche Meinung in Europa für die amerikanische Politik zurückzugewinnen und der Friedensbewegung den Wind aus den Segeln zu nehmen. Die von Reagan gemachten Vorschläge bedeuten bei genauerem Hinsehen jedoch eine Fortsetzung der alten Politik mit neuen Mitteln:

● Die sogenannten Start-Gespräche sind ein Rückschlag gegenüber dem bereits durch Salt II erreichten Zustand. Wenn 79 % der sowjetischen, aber nur 29 % der amerikanischen Interkontinentalraketen landgestützt sind, dann läuft jeder Vorschlag für eine gleichartige Festlegung der Stückzahlen auf eine amerikanische Überlegenheit hinaus, sofern nicht gleichzeitig die seegestützten Interkontinentalraketen und die Bomberflotten mit einbezogen werden. Die Start-Gespräche werden jahrelang dauern und zumindest die Gefahr der qualitativen Hochrüstung in diesem Bereich mit sich bringen. Daß überhaupt Gespräche stattfinden, ist sicherlich bereits ein Fortschritt, obwohl dies selbstverständlich sein sollte.

● Die Reagansche »Null-Lösung« für die Genfer Verhandlungen über die Mittelstreckenraketen ist eine plumpe Übernahme von Begriffen der Friedensbewegung, hinter der sich jedoch politische Inhalte verbergen. Ohne die Einbeziehung der amerikanischen vorgeschobenen Basen sowie der französischen und britischen Mittelstreckenpotentiale wird es diese »Null-

Lösung« nicht geben, was Präsident Reagan auch ganz genau weiß. Die Stationierungsarbeiten für die Pershing II und die Cruise Missiles werden deshalb in Italien, Großbritannien und in der Bundesrepublik planmäßig weitergeführt.

● An den gigantischen amerikanischen Aufrüstungsplänen für die nächsten Jahre hat sich nichts verändert. Unbehelligt von den gemäßigteren Tönen des amerikanischen Präsidenten mit Blick auf das europäische Publikum gehen die ehrgeizigen Rüstungsprojekte der USA (MX-Raketen, Marschflugkörper, neuer »unsichtbarer« Langstreckenbomber Stealth, Laserwaffen, chemische Waffen usw.) unvermindert weiter.

● Obwohl die Schlagzeilen der Medien auf andere Themen übergewechselt sind, wird das Morden in Mittelamerika Tag für Tag mit der Tolerierung bis hin zur direkten Unterstützung der USA unvermindert fortgeführt.

● Nein. Mit Präsident Reagan ist keine Friedenstaube nach Europa gekommen, sondern ein Wolf im Schafspelz, der soviel Kreide gegessen hat, daß die staunenden europäischen Geißlein dabei sind, sich von wohlklingenden Tönen verführen zu lassen, und Gefahr laufen, von der vermeintlich gutmütigen Großmutter verschlungen zu werden.

Es ist deshalb notwendig und wichtig, daß mehr als 2000 Organisationen, Initiativen und Gruppen am 10. Juni zur großen Friedensdemonstration nach Bonn und Berlin aufgerufen haben. So kann der öffentliche Druck derart verstärkt werden, daß die Regierungen sich zu wirklichen Abrüstungsmaßnahmen gezwungen sehen.

Für den Koordinierungsausschuß: Tissy Bruns (vds), Peter Grohmann (ESG), Jo Leinen (BBU), Klaus Mannhardt (DFG/VK), Eva Quistorp (Anstiftung der Frauen zum Frieden), Werner Rätz (BUKO/AIB)

Abschluß-Presseerklärung

Größte Friedensdemonstration der Bundesrepublik: politisches Signal und Warnschuß für die Parteien und die Bundesregierung

Bonn, den 11.6.1982

Am 10. Juni hat die größte Friedensdemonstration in der Geschichte der Bundesrepublik stattgefunden. Im Raum Bonn kamen mehr als 400 000 Menschen zusammen. Mehrere 10 000 Menschen kamen wegen der chaotischen Verkehrsregelung gar nicht zum Kundgebungsgelände. Noch um Mitternacht fuhren Busse aus Bonn heraus, da wegen der Rheinschiffahrt der NATO-Gipfelteilnehmer des öfteren die Ausfahrtsstraßen gesperrt blieben. Bonn ist für die Friedensbewegung zu klein geworden!

In Berlin demonstrierten zwischen 60 – 100 000 Menschen. Obwohl in Norddeutschland ein normaler Arbeitstag war, gingen somit fast eine halbe Million Menschen auf die Straße, um gegen die weltweite Aufrüstung und gegen die Stationierung neuer Atomwaffen in Europa zu demonstrieren.

Dieses Anschwellen der Friedensbewegung ist umso höher zu bewerten, als diese Demonstrationen von einigen Medien schlichtweg verschwiegen wurden oder eine reine Negativberichterstattung stattgefunden hat. Von der Spaltung der Friedensbewegung, der kommunistischen Steuerung und von gewaltsamen Auseinandersetzungen mit der Polizei war am 10.6. nichts zu verspüren. Diese Vorurteile, Unterstellungen und Diffamierungen bleiben, was sie sind, Hirngespinste ihrer einschlägig interessierten Urheber.

Diese Massenkundgebung für Frieden und Abrüstung ist ein Signal und zugleich eine Warnung für die Parteien und die Bundesregierung. Wenn die Mauer des Schweigens und hochnäsige Arroganz der politischen Führung gegenüber diesem Teil der Gesellschaft anhält, dann werden sich relevante Teile der Jugend noch weiter von der offiziellen Politik und ihren politischen Institutionen abwenden. Die Bundesrepublik wird dann unregierbar.

Wir fordern endlich von den Parteien, dem Bundestag und der Bundesregierung:

1. Eine deutliche Absage an die Stationierung neuer Massenvernichtungswaffen in der Bundesrepublik, insbesondere der Pershing 2 und Cruise Missiles;

2. Wir fordern eigene Initiativen der Bundesregierung, damit die in der Bundesrepublik gelagerten Atomwaffen verschwinden;

3. Einen Stopp und eine schrittweise Senkung der Rüstungsausgaben, damit mehr Gelder für Bildung, Arbeitsplatzbeschaffungsmaßnahmen und für Umweltschutz vorhanden sind;
4. Wir fordern die Bundesregierung auf, die Waffenexporte in die Dritte Welt zu stoppen;
5. Wir fordern die Bundesregierung auf, jede direkte und indirekte Unterstützung für die menschenfeindlichen Diktaturen in Mittelamerika, insbesondere in El Salvador, Guatemala und Honduras einzustellen.

Die Friedensbewegung stellt eine politische Kraft dar, die nicht mehr übersehen werden kann. Wenn keine deutlich wahrnehmbaren Abrüstungsschritte erkennbar werden, wird sich diese politische Kraft über Großdemonstrationen hinaus ihren weiteren Weg suchen: Sei es durch den Protest mit dem Stimmzettel bei den kommenden Wahlen, sei es in Aktionen der Verweigerung (Rüstungssteuerboykott, Verweigerung von Ärzten, Krankenschwestern, Lehrern usw.) oder der direkten Verhinderung von Stationierungsarbeiten. Der politische Friede in der Bundesrepublik wäre dann aufs Höchste gefährdet.

Die Friedensbewegung bereitet sich auf die nächste Aktion vor: die Friedensdemonstration am 4. 9. während des Katholikentages in Düsseldorf unter dem Motto: »Demonstration für Frieden, Abrüstung und Gerechtigkeit«, die von der Initiative der Kirche von unten, von Aktion Sühnezeichen und dem IKV aus Holland veranstaltet wird.

Geschäftsführende Organisationen: BBU – DFG-VK – Anstiftung der Frauen – ESG-Buko/AIB – VDS

Programm der Kundgebungen

Hauptkundgebung

Jo Leinen (Begrüßung)
General a. D. Gert Bastian
Ernst Urban (HBV-Landesvorsitzender NRW)
Julia Esquivel (Vorsitzende der
Menschenrechtskommission von Guatemala)
Reverend Jon Davidson (USA)
Gus Newport (Bürgermeister von Berkeley/USA)
Dorothee Sölle (Theologin)
Klaus Mannhardt (Schlußwort)

Kulturprogramm

BAP
Angie Domdey
Druckknöpfe
Fasia
Kraut+Rüben
Klaus Lage
Theodorakis-Chor
Angie und Isabel Parra
Pancasan
philippinische Tanzgruppe
Schmetterlinge
Hannes Wader und andere Gruppen

FORUM
Internationale Friedensbewegung

Redner: Shuntaro Hida (Arzt, Japan), Luciana Castellina (Italien), 2 Vertreter von Birkom/Fidef (Türkei), Mary Kaldor (END/CND), Jürgen Fuchs (Schriftsteller, ehemals DDR), Maria Rodriguez (Anti-NATO-Koalition, Spanien), Wenke Söranga (Frauen für den Frieden, Norwegen), Dänisches Friedenskomitee, Gijs Vanderfror (Stop de neutronenbomb, Niederlande)

FORUM
NATO-Politik, Atomkriegsstrategien, Blocklogik und ihre Alternativen

Redner: Prof. Kade (Atomkriegsstrategien), M. Massarat (Osnabrücker Friedensinitiative), Ursula Schwarzenberger (KV Die Grünen Gö), Wolf Hummel (Großengstingen, Standort), Bois = Jürgen Beus (Arsbeck/Niederrhein, Standort), Bernadette Ridard (Frauen gegen Krieg), Susanne v. Imhoff (Frauen für den Frieden), Christoph Strässer (Vorsitzender der Jungdemokraten)

FORUM
Rüstung, Sozialabbau und Ökologie

Redner: Helga Arnold (Startbahn West), Elke Fesefeldt (BUU Pinneberg), Kai Peters (Bildungsabbau), Mechtild Jansen (Frauen zum Bund – Nein), Karen Hempel-Soos (AsF), Roggenkamp (ÖTV-Jugend, NRW)

FORUM
Friedensbewegung und Selbstbestimmung in der 3. Welt

Redner: Angelica Uzquiano (FDR/El Salvador), Abdalla Frangi (PLO), Toni Seedat (ANC), brasilianischer Gewerkschafter, Peter Lock (Institut für Friedensforschung), Nikaragua (Vertreter der FSLN), Werner Rätz (BUKO – AIB)

I. Hauptkundgebung

Jo Leinen
Begrüßung für den Koordinationsausschuß der Demo

Im Namen des Koordinierungsausschusses begrüße ich alle auf das herzlichste. Rund 1 900 Gruppen haben den Aufruf für diese Demonstration unterschrieben. Hier in den Rheinauen sind mittlerweile 400 000 Menschen versammelt, obwohl heute in einem Drittel der Bundesrepublik ein normaler Arbeitstag ist. Zusammen mit der Großdemonstration heute abend in Berlin werden mehr als 500 000 Menschen anläßlich des NATO-Gipfels für Frieden und Abrüstung demonstrieren!

Diese Friedensdemonstration mußte gegen vielerlei Behinderungen und Diffamierungen ankämpfen. Es war keineswegs selbstverständlich, daß wir heute hier demonstrieren durften. Einige Medien haben diese Friedensdemonstration schlichtweg totgeschwiegen, andere sich in reiner Negativ-Berichterstattung ergossen. Bei den öffentlich-rechtlichen Anstalten führt der Parteienproporz mittlerweile dazu, daß gesellschaftliche Gruppen, die dem Bonner Machtkartell nicht angehören, ausgegrenzt werden. Diejenigen, die durch ihre Politik die Vernichtung der Menschheit riskieren, scheuen sich nicht, der Friedensbewegung immer wieder Gewalt aufzuschwätzen.

Wie kann die Friedensbewegung anti-amerikanisch sein, wenn 70 Prozent der Amerikaner die Aufrüstungspolitik von Präsident Reagan ablehnen? Die anti-amerikanische Demonstration hat deshalb bereits stattgefunden, und zwar letzten Samstag bei der CDU. Die CDU erdreistete sich sogar, das Bündnis mit den USA als »zweites Grundgesetz« der Bundesrepublik anzupreisen. Wir alle, die wir die Politik der amerikanischen Regierung kritisieren, sind dann wohl demnächst Verfassungsfeinde?

Nach der erfolgreichen Großdemonstration vom 10. Oktober 1981 ist es keinem von uns leichtgefallen, schon wieder zu einer politischen Massenkundgebung in die Bundeshauptstadt aufzurufen. Die Durchführung der NATO-Gipfelkonferenz hier in Bonn ist jedoch eine Herausforderung an die Friedensbewegung, die wir nicht unbeantwortet lassen durften. Während in New York die UNO-Abrüstungskonferenz läuft, entscheidet die NATO in den fensterlosen Räumen des Bundeskanzleramtes über neue Aufrüstungsprogramme. Die Politik der NATO läuft auf einen gefährlichen Konfrontationskurs hinaus, der in einer atomaren Katastrophe enden kann. Anstatt einen ideologischen Kreuzzug gegen andere Staaten zu führen, fordert die Friedensbewegung Präsident Reagan auf, endlich einen Kreuzzug für Frieden und Abrüstung zu beginnen.

Der Konfrontationskurs läuft inzwischen nicht nur gegen die Sowjetunion, sondern ebenfalls gegen die Länder der Dritten Welt. Die Cruise Missiles auf Sizilien bedrohen auch die Arabischen Staaten. Wir wehren uns dagegen, daß Westeuropa und insbesondere die Bundesrepublik das Sprungbrett für die Schnellen Eingreiftruppen der USA in alle Teile der Welt wird und daß der Zuständigkeitsbereich der NATO auf alle Krisenherde dieses Planeten ausgedehnt wird. Der Krieg Großbritanniens um die Malwinen zeigt deutlich, wie schnell Europa in einen militärischen Konflikt hineingezogen werden kann, wenn die Kanonenbootpolitik zum Selbstverständnis für die ganze NATO wird.

Die Friedensbewegung läßt sich nicht von leeren Abrüstungsparolen täuschen. In der Friedensbewegung kann sich deshalb niemand vorstellen, daß Ronald Reagan an der Spitze einer Friedensbewegung geht, wie er gestern im Bundestag sagte. Unbehelligt von den moderaten Worten, die ihm von seinen Beratern für die Europa-Reise verordnet worden sind, wird in den USA das größte Rüstungsprogramm aller Zeiten mit einem Etat von 1,5 Billionen Dollar vorangetrieben.

Wir demonstrieren deshalb heute auch in Solidarität mit dem anderen Amerika und mit der amerikanischen Friedensbewegung. Nur wenn noch viele Millionen Menschen aufstehen und der Druck auf die Regierungen verstärkt wird, besteht die Chance zur Durchsetzung von Frieden und Abrüstung. Deshalb ist es ganz wichtig, daß wir heute hier in Bonn demonstrieren.

Gert Bastian (General a.D.)

NATO-Politik und Blockkonfrontation

Liebe Freundinnen und Freunde!

Schon im Vorfeld dieser Demonstration, zu der wiederum Hunderttausende zusammengekommen sind, um für Frieden und Abrüstung einzutreten, ist deutlich geworden, daß es sich um einen ganz besonderen Tag handeln muß. Denn ebenso ungewöhnlich wie die vielfältigen Behinderungen, mit denen diese Kundgebung erschwert werden sollte, nachdem man sie schon nicht verhindern konnte, war auch das Ausmaß der Verdächtigungen, mit denen das Schreckensbild eines von Kommunisten entfesselten, antiamerikanischen Bürgerkriegs an die Wand gemalt wurde.

Im Westen also immer noch nichts Neues! Das gilt sowohl für die »Dokumentation« des CSU-Abgeordneten Graf Huyn, mit der wieder einmal die angebliche kommunistische Steuerung der deutschen Friedensbewegung und auch dieser Demonstration nachgewiesen werden soll und die doch einzig und allein die uns wohlbekannte Geistesverfassung ihres Autors dokumentiert. Und es gilt auch für alle sonstigen Angriffe, die ebensowenig eine Antwort wert sind.

Wenn allerdings auf den Jubelveranstaltungen von CDU und CSU am 5.6.1982, die mit dem Motto »Frieden und Freibier« nicht allzuviele Mitbürger auf die Beine gebracht haben, kühn behauptet wurde, man würde für die überwältigende Mehrheit der Bevölkerung sprechen, dann ist Vorsicht am Platze. Wissen wir doch nur zu gut, daß sich überwältigende Mehrheiten im Deutschland dieses Jahrhunderts meist auf dem Weg in den Abgrund befunden haben. So 1914, als ein ganzes Volk jubelnd in den ersten Weltkrieg zog. Und so auch 1933, als ein Verbrecher wie Hitler sich auf Zustimmung einer überwältigenden Mehrheit der Deutschen berufen konnte.

Nein, liebe Freunde, Mehrheiten sind bei uns und, wie die Briten gerade beweisen, auch anderenorts keine Garantie für Vernunft und Menschlichkeit in der Politik und im Handeln der Völker! Vernunft und Menschlichkeit sind schon besser bei den wachsamen, kritischen Minderheiten aufgehoben. Bei den Minderheiten, die 1914 und 1933 leider zu schwach waren, um das von ihnen vorausgesehene Unheil verhindern zu können, die aber heute nach den bitteren Lehren dieser Katastrophen überall in der Welt mehr und mehr Menschen zu überzeugen vermögen und darum nicht ein drittes Mal zur Unwirksamkeit verurteilt bleiben werden.

Darum stehen wir heute ja hier, um mit unserer Überzeugungskraft zu verhindern, daß sich Mehrheiten abermals hinter den falschen Propheten bilden, ob sie nun Strauß oder Dregger oder Genscher heißen. Und darum weisen wir es zurück, wenn ein hoher Würdenträger der katholischen Kirche wie Kardi-

nal Höffner öffentlich behauptet, diese Demonstration würde von Gruppen mitangeführt werden, »deren politische Zielvorstellungen dahin gehen, ein gesellschaftliches System zu errichten, das die Menschenrechte mißachtet und die freie Religionsausübung behindert.« Sie irren, Herr Kardinal, und es wäre gut, wenn Sie sich künftig besser informieren und dann die Christenpflicht zur Wahrheit nicht noch einmal so unchristlich verletzen würden!

Denn wer heute hierher gekommen ist, der will nicht weniger, sondern mehr Freiheit! Der will nicht weniger, sondern mehr Menschenrechte! Und beides nicht nur in privilegierten Ländern, auf Kosten von Millionen Unterdrückter und Entrechteter in der Dritten Welt. Sondern er will Freiheit und Menschenrechte in allen Kontinenten garantiert und respektiert sehen und wendet sich entschieden gegen ihre Verletzung, wo und durch wen immer sie geschieht. In El Salvador so unmenschlich wie in Afghanistan. In der Türkei so tyrannisch wie in Polen! Und im Falklandkrieg so bedrückend wie in den Kriegen im Nahen Osten!

Genauso entschieden verurteilen wir allerdings auch Menschenrechtsverletzungen, wie sie mit kriminellen Gewaltakten auf amerikanische Bürger und Einrichtungen in unserem eigenen Land Abscheu und Verachtung in uns wecken. Wer auch immer hinter diesen dummen und gemeinen Verbrechen steckt, er soll nicht glauben, ausgerechnet bei uns Zustimmung zu finden. Er ist nicht unser Verbündeter, sondern unser Feind. Denn zwischen seinem Terror und unserem machtvollen, gewaltfreien Protest gibt es nicht die geringste Gemeinsamkeit!

Vor solchem Hintergrund verdient es Anerkennung, daß der Bundeskanzler diese Demonstration vor Verdächtigungen in Schutz genommen hat. Wir sehen darin ein begrüßenswertes Anzeichen für seine wachsende Bereitschaft, den innenpolitischen Verhältnissen in höherem Maße Rechnung zu tragen, als das bisher leider der Fall gewesen ist. Für die Versachlichung der notwendigen und unaufhaltsam aufbrechenden Diskussion über Ziel und Inhalt der Außen- und Sicherheitspolitik kann das nur gut sein.

Die unüberbrückbaren Gegensätze in der Sache selbst können von solch atmosphärischen Verbesserungen, auch wenn sie anhalten sollten, freilich nicht verdeckt werden. Sie bestehen im Gegenteil unverändert fort und werden von frommen Bekundungen des Willens zur Abrüstung nicht gemildert, solange die für jedermann erkennbaren Tatsachen im Rüstungsgeschehen eine ganz andere Sprache sprechen! Wir haben ja weiß Gott keinen Grund, solchen Bekundungen zu vertrauen. Schon im Atomwaffensperrvertrag, der 1970, also vor sage und schreibe 12 Jahren in Kraft getreten ist, haben sich auch die Nuklearmächte USA, UdSSR und Großbritannien verpflichtet, »in redlicher Absicht Verhandlungen zu führen über wirksame Maßnahmen zur Beendigung des nuklearen Wettrüstens in naher Zukunft und zur nuklearen Abrüstung sowie über einen Vertrag zur allgemeinen und vollständigen Abrüstung unter strenger und wirksamer internationaler Kontrolle«.

Nun, das jämmerliche Ergebnis dieser so feierlich erklärten redlichen Absichten kennen wir zur Genüge. Die Aufwendungen für die Rüstung sind in schwindelnde Höhe geklettert! Die Zahl der Nuklearwaffen wurde vervielfacht, ihre Gefährlichkeit ins Unvorstellbare gesteigert! Und mit der Entwicklung neuer, treffgenauer Nuklearwaffen, wie sie mit Pershing II-Raketen und Cruise Missiles ab 1983 erstmals und zwar in Europa stationiert werden sollen, wird das ohnehin fragwürdige Konzept einer Friedenssicherung durch Abschreckung unterlaufen und endgültig zu Grabe getragen. Unsere Geduld ist deshalb erschöpft, und wir sagen kompromißlos »Nein!« zu jeder Politik, die Frieden mit immer noch mehr Rüstung erhalten zu können meint. Die solche Aufrüstung mit einer hysterischen Überzeichnung der angeblichen Bedrohung des Westens durch den Osten zu legitimieren versucht. Die gar behauptet, mit Aufrüstung Abrüstung erreichen zu wollen. Und die sich jetzt auch noch anschickt, den Verantwortungsbereich der NATO über die vom gemeinsamen Verteidigungsinteresse gezogenen Grenzen hinaus in gefährlicher und provozierender Weise zu erweitern.

Damit wird vollends klar, daß es sich bei der Absicht der NATO, ab 1983 Pershing II-Raketen und Marschflugköprer in Europa und zwar vorwiegend auf unserem Boden in Stellung zu bringen, keineswegs um die behauptete »Nachrüstung«, sondern allein darum handelt, der NATO das zur Unterstützung künftiger Aktivitäten gewünschte nukleare Drohpotential auf einem außeramerikanischen Territorium zur Verfügung zu stellen. Wie zur Bestätigung hat der Generalinspekteur der Bundeswehr in der Kabinettssitzung vom 31.3.1982 ganz offen erklärt, daß es bei dieser sogenannten »Nach«rüstung eben nicht darum geht, die Fähigkeit des Westens zur Abschreckung zu verbessern oder den sowjetischen SS 20-Raketen ein entsprechendes Waffensystem des Westens entgegenzusetzen. Wie schade, daß uns die Politiker noch immer das genaue Gegenteil versichern. Das macht es schon schwierig, ihnen überhaupt noch etwas zu glauben.

Doch wie immer die notwendige Klarheit auch geschaffen wurde, sie ist unübersehbar geworden und verhindert damit, daß noch irgendeiner sagen könnte, er wisse nicht, was er tue, wenn er zuläßt, daß neue Nuklearwaffen bei uns aufgestellt werden, wie es am 12.12.1979 in Brüssel beschlossen worden ist. Wir wollen und werden es nicht zulassen! Darum fordern wir von der Bundesregierung, als der von uns hauptsächlich in Anspruch genommenen Instanz, aber auch von den Regierungen der verbündeten Länder und vom Präsident der Vereinigten Staaten von Amerika, dessen Aufenthalt in unserem Land eine willkommene Gelegenheit bietet, daß auf dieses Rüstungsvorhaben verzichtet wird. Und zwar jetzt und ohne Vorbedingungen! Und auch ohne auf den höchst ungewissen Ausgang der Genfer Verhandlungen zu warten. Wir glauben nämlich nicht, daß diese Verhandlungen mit dem Willen zur Abrüstung geführt werden.

Denn Ihre sogenannte Nulloption, Herr Präsident, ist ja kein faires, erfolgversprechendes Verhandlungskonzept, und wenn Ihre Berater das Gegenteil behaupten, dann sollten Sie sie schleunigst auswechseln. Abrüstung bis zum Stand Null wollen Sie bei den jetzt existierenden eurostrategischen Waffen beider Seiten doch allein im Osten, während im Westen nur auf künftige Aufrüstung verzichtet, aber nicht eines der jetzt schon nach Osten zielenden Sy-

steme mittlerer Reichweite zurückgezogen werden soll. Glauben Sie wirklich, daß die jetzt schon existierenden Systeme der NATO von der anderen Seite als weniger bedrohlich angesehen werden, nur weil sie nicht in den europäischen Ländern herumstehen, sondern auf britischen, französischen und der NATO assignierten amerikanischen Nuklear-U-Booten stationiert sind?

Wir glauben das nicht und fordern Sie deshalb auf, Ihre Verhandlungsposition so zu ändern, daß der Abzug aller jetzt in Ost und West vorhandenen eurostrategischen Waffensysteme ganz unabhängig von ihrer technischen Beschaffenheit ausgehandelt wird. Nur dann werden Sie auch unsere Unterstützung haben, und nur dann werden Sie jeden Zweifel vermeiden können, ob es den Falken in Ihrer Umgebung nicht doch weit mehr auf ein ungehindertes Stationieren neuer Waffen in Europa als auf eine Reduzierung sowjetischer Mittelstreckenraketen ankommt.

Aber wir sehen nicht nur unseren eigenen Kontinent, sondern die ganze Welt in Gefahr geraten, wenn das nukleare Wettrüsten nicht endlich gestoppt wird. Darum fordern wir genauso entschieden wie Millionen Ihrer Landsleute, mit denen uns Freundschaft und Vertrauen verbindet, auch den sofortigen Stopp der Entwicklung, Erprobung und Aufstellung neuer strategischer Nuklearwaffen in Ost und West. Die Sowjetunion hat ein solches Moratorium angeboten, aber Ihr Außenminister hat es mit der Behauptung zurückgewiesen, es würde nur zum Festschreiben der sowjetischen Überlegenheit bei den strategischen Waffen führen. Und mit ähnlichen Begründungen haben Sie es abgelehnt, das fertig ausgehandelte und seit langem unterzeichnete SALT-II-Abkommen endlich zu ratifizieren. Doch nach dem Jahresbericht Ihres Defense-Departement für 1981 gibt es eine solche sowjetische Überlegenheit überhaupt nicht, und viele mit der Sache vertraute Amerikaner haben inzwischen darauf hingewiesen. Warum diese Überlegenheit dann behaupten, wenn nicht einzig und allein zu dem Zweck, ein Rüstungsprogramm nie dagewesenen Ausmaßes zu verabschieden und unangefochten zu realisieren?

Dieses Rüstungsprogramm bildet einen sehr eigenartigen Gegensatz zu Ihren jüngsten Abrüstungsvorschlägen, die wir natürlich ebenso begrüßen wie die konstruktive Antwort aus Moskau. Doch wir sind schon der Meinung, daß es Verhandlungen unnötig kompliziert und belastet, wenn eben jene Nuklearwaffen, deren Reduzierung man angeblich erreichen möchte, während der sicherlich langen Verhandlungsdauer ungeschmälert produziert und aufgestellt werden. Den Interessen der ganzen Welt und also auch den Interessen der USA ist deshalb besser gedient, wenn der von vielen Millionen Europäern, Japanern, Australiern geforderte sofortige Stopp der nuklearen Rüstung von beiden Supermächten zur Unterstützung der beginnenden Verhandlungen akzeptiert wird.

Deshalb verlangen wir, daß die Vereinigten Staaten und die Sowjetunion zu diesem Zeichen der Vernunft bereit sind. Die Sowjetunion hat diese Bereitschaft angekündigt. Nehmen Sie Moskau doch beim Wort, und setzen Sie nicht sich und Ihr Land noch länger dem Verdacht aus, an militärischer Vormacht weit mehr als an Abrüstung interessiert zu sein. Wir sagen das mit jener ungeschminkten Offenheit, die den wahren Freund vom falschen unterscheidet, dessen Lobhudelei vielleicht bequemer, aber gewiß weniger hilfreich ist. Denn wir, die wir für Frieden durch Abrüstung eintreten, sind die wirklichen Freunde Amerikas wie der ganzen Menschheit; nicht jene, die immer noch mehr und immer noch wirksameren Schutz durch die USA fordern und damit auch von Europa aus das Wettrüsten anheizen.

Wir wollen freilich auch mit unseren Nachbarn im Osten in Freundschaft leben können. Und gerade deshalb wollen wir die unselige Teilung Europas und unseres Landes in zwei Militärblöcke nicht durch Aufrüstung und auch nicht durch eine Rückkehr zum Kalten Krieg verewigt sehen. Im Gegenteil, wir fordern von beiden Großmächten eine Politik des Ausgleichs, die auf jede Androhung und Anwendung militärischer Gewalt endgültig verzichtet und darüber hinaus mit fortschreitender Abrüstung auf die Auflösung der Bündnisse hinwirkt, anstatt sie mit der Aufnahme neuer Mitgliedstaaten weiter auszudehnen. Bis eines Tages die rüstungsarme, atomwaffenfreie Welt erreicht ist, in der wir leben und die wir unseren Kindern hinterlassen wollen, getreu dem Wort Hermann Hesses: »Erkennt den Krieg nicht als von außen, sondern von Euch selbst geschaffen und gewollt, so habt Ihr den Weg zum Frieden vor Euch«.

Ernst Urban (Landesleiter der Gewerkschaft HBV in NRW)

Beschäftigungsprogramme statt Rüstungsprojekte

Ich spreche hier nicht im Auftrag des Deutschen Gewerkschaftsbundes oder meiner Gewerkschaft HBV. Aber ich spreche als aktiver Gewerkschafter, der als Delegierter am 12. ordentlichen DGB-Kongreß teilgenommen hat. Ein Kongreß, bei dem die Anträge zu Frieden und Abrüstung am Beginn der Antragsberatung standen und der nach intensiven Diskussionen richtungsweisende Anträge, die auch Aktivitäten beinhalten, beschlossen hat. So heißt es z.B. in dem Antrag 1, der bei einer Enthaltung einstimmig angenommen wurde, u.a.: »Insbesondere fordern die deutschen Gewerkschaften mit Nachdruck, daß die Verhandlungen zwischen den Vereinigten Staaten und der Sowjetunion über die Stationierung von Mittelstreckenraketen in Europa ernsthaft und zügig fortgesetzt werden. Alle in Europa stationierten, auf Europa gerichteten Waffen dieser Art müssen abgebaut werden. Es darf keine Stationierung neuer Mittelstreckenwaffen in Europa geben.«

Beschlossen auf dem DGB-Kongreß

Der Sprecher der Antragskommission hat in seiner Erläuterung darauf hingewiesen, daß es Gewerkschaftstage gibt, die klare Beschlüsse dazu verabschiedet haben, und solche, bei denen dieses nicht geschehen ist. Und er erläuterte den vorliegenden Kompromißvorschlag wie folgt: »Der nunmehr vorliegende Kompromißvorschlag enthält zum einen ein klares Votum gegen neue Mittelstreckenraketen, d.h. auch gegen eine Nachrüstung. Er enthält dagegen nicht eine Festlegung des Deutschen Gewerkschaftsbundes in der Frage, auf welchem Wege dieses erreicht werden soll. Um das nochmals mit anderen Worten zu erklären: Beschlossen ist das Votum gegen Rüstung, offen ist der Weg, ob etwa jetzt bereits der Einsatz und Kampf gegen den NATO-Nachrüstungsbeschluß aufgenommen bzw. fortgesetzt werden soll, oder aber, ob die Verhandlungen in Genf abgewartet werden sollen.«

Der Kongreß hat des weiteren den Rüstungsexport abgelehnt, sich für eine Friedens- und Konfliktforschung in stärkerem Maße ausgesprochen, sich gegen die Lagerung von Giftgas in der Bundesrepublik gewandt und den Abzug aller entsprechenden Kampfmittel gefordert.

Deswegen spreche ich hier als Gewerkschafter, um meinen Beitrag dazu zu leisten, daß diese Beschlüsse möglichst schnell Gemeingut werden. Dazu sind im übrigen alle Gewerkschafter aufgefordert.

In der Presse wird behauptet, dieses sei eine Kundgebung gegen Ronald

Reagan. Dazu ist zu sagen: Wir haben nichts für oder gegen Ronald Reagan als Person, aber eine ganze Menge gegen die Politik, die er macht. Wir haben etwas gegen seine Politik der ständigen Aufrüstung. Wir haben etwas gegen einen Rückfall in die Politik des »kalten Krieges«. Wir haben etwas gegen eine Politik des Säbelrasselns gegenüber dem Osten, und wer gar seinen Außenminister, bisher unwidersprochen, erklären läßt, es gibt Wichtigeres als den Frieden, der gibt doch damit zu, daß er den Krieg nach wie vor für ein Mittel der Politik hält. Und wer Mittelstreckenwaffen weitab vom eigenen Land bei den Verbündeten stationieren will, der tut dies offensichtlich in der Erwartung, daß es möglich sein könnte, Kriege unter vollem Risiko der Verbündeten, aber unter Schonung des eigenen Territoriums zu führen. Und dagegen protestieren wir.

Dies ist auch keine antiamerikanische Demonstration, wie oft behauptet wird. Sie richtet sich nicht gegen die Bürger der Vereinigten Staaten. Im Gegenteil, wir wissen uns in diesem Moment verbunden mit Millionen von amerikanischen Bürgern, die wie wir gegen den Rüstungswahnsinn ihrer Regierung demonstrieren. Wir wissen uns verbunden mit der amerikanischen Friedensbewegung. Und wir sind darüber hinaus noch auf eine besonders tragische Weise miteinander verbunden.

In den Vereinigten Staaten und in der Bundesrepublik wird immer mehr für Rüstungsprojekte ausgegeben, während gleichzeitig Sozialabbau betrieben wird. In den Vereinigten Staaten werden die Wohlfahrtsunterstützung gekürzt und drastische Einschnitte in das Bildungssystem gemacht. Dieses setzt sich in der Bundesrepublik fort. Bei uns wurde das Kindergeld gekürzt, und der wachsenden Wohnungsnot begegnet man nicht etwa dadurch, daß man mehr Wohnungen subventioniert. Nein, man setzt hier auf die angeblichen Selbstheilungskräfte des Marktes, die, wenn sie überhaupt funktionieren, immer zu Lasten der Schwächeren gehen. Man baut den Mieterschutz ab in der Hoffnung, daß dann wieder mehr Wohnungen gebaut werden. Diese Politik steht unter dem Motto »Mehr Wohnungen durch vorherige Entrechtung der Mieter«. Dies ist blanker Zynismus.

Rüstung heißt Sozialabbau

Wir erleben zur Zeit, daß in der Sozialversicherung überall Einschnitte in das Netz der sozialen Sicherung passieren. Da werden Leistungen der Krankenversicherung gekürzt, und an den Kuren wird gespart.

Wir haben nach wie vor zu große Schulklassen, aber die Kultusminister aller Bundesländer sind bereit, Lehrer nach ihrer Ausbildung in die Arbeitslosigkeit zu entlassen, anstatt sie in den Schuldienst einzustellen, um vernünftige Klassenstärken zu erreichen. Die Kultusminister behaupten, dies sei nicht finanzierbar. Offensichtlich besitzt niemand von ihnen genug Phantasie, sich einmal auszurechnen, wie viele Lehrer ein Jahr lang Gehalt beziehen könnten für die Kosten auch nur eines einzigen Leopard-Panzers.

Sicher, wer seine Kinder auf teure Privatschulen der Schweizer Internate schicken kann, der ist nicht darauf angewiesen, daß der Staat in das öffentliche Schulwesen investiert. Wer vom Chauffeur zu Hause abgeholt wird und in einer klimatisierten Limousine zum Arbeitsplatz gefahren wird, der kann auch darauf verzichten, daß in einen leistungsfähigen öffentlichen Nahverkehr investiert wird.

Wer den eigenen Swimmingpool im Haus hat, der ist auch von der Schließung von Freibädern und Preiserhöhungen bei öffentlichen Einrichtungen nicht betroffen.

Wir aber, die Arbeitnehmer, wir sind darauf angewiesen, ein staatliches Schulsystem zu haben, in dem auch Kinder von Arbeitern die gleichen Chancen haben wie Akademikerkinder.

Es trifft nicht die Reichen

Wir, die Arbeitnehmer, sind darauf angewiesen, daß der Staat in den sozialen Wohnungsbau investiert, damit menschengerechte Wohnungen gebaut werden können, in denen es Kinderzimmer gibt, die nicht mehr mit einem begehbaren Einbauschrank verwechselt werden können und – das ist das entscheidende – die die Arbeitnehmer auch bezahlen können.

Wir, die Arbeitnehmer, sind darauf angewiesen, daß die Kassen rechtzeitig und ausreichend für die Gesundheitsvorsorge Leistungen erbringen, weil wir uns eben nicht jährlich eine teure Kur in einem Privatsanatorium leisten können. Wir, die Arbeitnehmer, sind darauf angewiesen, ein System der sozialen Sicherung vorzufinden, daß uns Alter, Krankheit und Arbeitslosigkeit nicht in das Nichts fallen läßt. Und es ist widersinnig, wenn in Zeiten der Hochkonjunktur ein soziales Netz geknüpft wurde – und in dem Moment, wo es gebraucht wird, beginnt man es stückweise zu zerreißen.

In der Frage des Sozialabbaus gibt es keinen grundsätzlichen Unterschied zwischen den im Bundestag vertretenen Parteien. Es gibt unter ihnen unterschiedliche Meinungen, was und wo man und wieviel man abbauen will. Daß aber abgebaut werden soll, darüber herrscht eine breite Grundübereinstimmung. »In Bonn herrscht de facto eine Allparteienkoalition zum Sozialabbau.«

Es gibt aber noch eine weitere Übereinstimmung zwischen der Bundesrepublik, den westeuropäischen Ländern und den Vereinigten Staaten. Überall haben wir eine anhaltend hohe Arbeitslosigkeit. Und wir stellen überall fest, daß die Regierungen nicht bereit sind, Konzepte zur Bekämpfung dieser Arbeitslosigkeit zu finanzieren. Das Beschäftigungsprogramm der Bundesregierung ist zwar ein Schritt in die richtige Richtung, aber viel zu zögernd, viel zu klein, um im größeren Maße beschäftigungswirksam sein zu können. Dazu müßten mehr Finanzmittel eingesetzt werden. Anstatt ein überzeugendes Beschäftigungsprogramm zur Bekämpfung der Arbeitslosigkeit vorzulegen, entblödet sich die Bundesregierung nicht, gemeinsam mit den Arbeitgebern und gegen die Gewerkschaftsvertreter im Verwaltungsrat der Bundesanstalt für Arbeit für eine Verschärfung der Zumutbarkeitsanordnung für Arbeitslose zu stimmen. Damit wird der soziale Abstieg des Arbeitslosen beschleunigt.

An diesem Beispiel wird schon deutlich, daß es Mittel und Möglichkeiten gibt, die Arbeitslosigkeit wirksam zu bekämpfen. Nicht an den Ideen scheitern diese Programme, sondern daran, daß nach Meinung der Regierungen die Mittel zur Finanzierung nicht vorhanden sind.

Die Mittel sind vorhanden

Wir stellten dagegen fest, daß die Mittel sehr wohl vorhanden sind. Sie werden nur falsch eingesetzt. Anstatt Mittel in die Verbesserung des Gesundheitswesens zu investieren, werden sie investiert, um herauszufinden, mit welchen Waffen man möglichst kostengünstig noch mehr und noch schneller Menschen umbringen kann. Anstatt Beschäftigungsprogramme zu finanzieren, werden immer teurere gigantische Rüstungsprojekte finanziert.

Waffen stillen keinen Hunger

Bereits heute verhungern in den Ländern der »Dritten Welt« jährlich Millionen Menschen, und dies alles, weil weltweit gesehen zwanzigmal mehr für die Rüstung als für Entwicklungshilfe ausgegeben wird. Das schlimme daran ist, daß es in den Ländern der »Dritten Welt« Regierungen gibt, die, anstatt jeden Pfennig zusammenzukratzen, um Pflüge, Saatgut und Reis zu kaufen, im Westen die jeweils neueste Generation Bomber oder den jeweils neuesten Panzertyp kaufen. Im eigenen Land verhungern gleichzeitig Kinder, weil kein Geld für Nahrungsmittel vorhanden ist. Nur, die westlichen Industrieländer haben kein Recht, entrüstet mit dem Finger auf solche Regierungen zu zeigen, denn sie liefern ihnen ja diese Rüstung, z.T. auch noch auf Kredit. Gleichzeitig versucht man, die Sorgen der Bürger zu zerstreuen, die Angst haben, daß jede Waffenlieferung das Risiko von kriegerischen Auseinandersetzungen verschärft. Man will sie mit dem Hinweis beruhigen, Waffen werden ja nicht in Spannungsgebiete geliefert. Spätestens seit dem »Falkland-Krieg« müßte jedermann klar sein, daß jeglicher Export von Kriegsgeräten – gleichgültig wohin er auch geht – das Risiko nur verschärft.

Mit dem Hinweis auf Arbeitsplätze, die damit verbunden sind, versucht man, die Arbeitnehmer zum Stillhalten zu veranlassen. Dies gelingt immer weniger, denn wir wissen, daß es genug Möglichkeiten gibt, die Rüstungsproduktion auf die Produktion von Friedensgüter, für die es bei uns und in der Dritten Welt genügend Bedarf gibt, umzustellen.

Wir wissen, daß jede neue Rakete den Frieden nicht sicherer, sondern den Konflikt wahrscheinlicher macht, daß sie Volksvermögen vergeudet, das für soziale Sicherung und solidarische Hilfe an die Dritte Welt dringend gebraucht wird. Deshalb ist diese Demonstration notwendig und richtig. Und deshalb fordern wir Gewerkschafter mit allen hier gemeinsam: Stopp dem Rüstungswahnsinn, keine Stationierung neuer Mittelstreckenraketen in Europa.

Dorothee Sölle

Fühlt die eigene Stärke

Fühlt die eigene Stärke! Noch berühren wir mit unseren Füßen die Erde, die alte Erde. Noch ist sie da, noch nicht verkratert oder zu Asche geworden. Sie macht uns stark.

Seht zum Himmel. Noch schützt uns die Ozon-Schicht, die wir brauchen. Noch atmen wir. Noch sind nicht einige wenige in Bunker gesteckt, andere evakuiert und andere als Megatote verplant. Noch ist der Himmel über uns. Fühlt die Stärke, die vom Himmel kommt.

Seht einander an, Brüder und Schwestern. Gebt euch ein Zeichen des Friedens, einen Händedruck, ein Lächeln, eine Umarmung. Wißt, daß wir zusammen stärker sind als die Aufrüster, daß wir alle zusammen mehr Grund haben, das Leben zu lieben, daß unsere Liebe zum Leben stärker ist als die der Aufrüster. Wir werden von einer anderen Macht getragen. Wir wollen nicht die Macht haben, andere vernichten zu können.

Der Anti-Kommunismus ist eine blind und dumm machende Ersatzreligion für Leute, die nichts glauben und nichts zu hoffen haben. Er ist am meisten in den USA und in Westdeutschland verbreitet. Ein Zeichen der Schwäche der westlichen Welt, die mit ihren eigenen Problemen, wie Arbeitslosigkeit, Umweltzerstörung, Energiekrisen, nicht fertig wird. Und dann: Es ist nicht der Kommunismus, der uns in diese Probleme stürzt, und es ist nicht der Anti-Kommunismus, der uns aus diesen Problemen heraushilft, und bestimmt nicht der Militarismus, der auch nur ein einziges dieser Probleme löst.

Wißt, daß wir stärker sind als die anderen. Denkt an die Leute, die heute nicht hier sind, weil sie dumm, verängstigt, verstört sind, mißerzogen, mißinformiert. Wie können wir sie aufklären? Wie können wir ihnen helfen, zur Friedensbewegung zu finden?

Fühlt die eigene Stärke, unsere Stärke, unsere gerechte Sache, die gerecht ist und die den Frieden nicht auf Militarismus aufbauen will. Denkt an die Menschen in der Dritten Welt, für die wir hier stehen. Hinter jeder von uns stehen Hunderttausende von Menschen, die hungrig sind und sterben, Kranke, Im-Stich-Gelassene, all die Millionen, die wir nicht mit Bomben füttern oder heilen können. Unseren Aufrüstern bedeuten diese Menschen in der Dritten Welt nichts. Wenn Militaristen ihre Pläne machen, dann steht ihnen kein verhungerndes Kind vor Augen. Daran denken sie nicht, das ist uninteressant für sie und für ihre Pläne. Sie reden vom Feind im Osten, um den wirklichen Krieg, der heute stattfindet zwischen Armen und Reichen, zwischen Nord und Süd, zwischen Vergewaltigern und Vergewaltigten, zu verdrängen. Fühlt, daß wir, die ohne Gewalt und ohne Atomterrorismus leben wollen, stärker sind. Das Wasser ist stärker als der Stein.

Seht in euch selber. Fühlt die eigene Wahrheit. Gebt euch ein Versprechen: Ich will mein Leben nicht für die Vorbereitung eines Atomkriegs geben, ich will mich nicht an der globalen Kreuzigung Christi beteiligen. Ich will meine Steuern und die Frucht meiner Arbeit nicht den Konzernen zur Verfügung stellen, damit sie Profite aus der Rüstungsindustrie machen. Ich will für mich und meinen Nachbarn nicht Luftschutzkeller-Frieden, nicht Bomben-Frieden, nicht zu Tode gesicherten Frieden. Wir stehen hier, weil wir diesen Zustand der anhaltenden Tötungsbereitschaft nicht mehr ertragen. Wir wollen nicht so leben, wie Sie sich das vorstellen, Mister Reagan. Wir haben eine andere Idee von Freiheit als Sie. Nach unserer Verfassung, Mister Haig, ist es ein Verbrechen, den Angriffskrieg vorzubereiten. Wir haben eine andere Beziehung zur Bergpredigt als Sie, Herr Bundeskanzler. Wir nehmen das ernst, was da steht! Wir brauchen keine einzige neue Bombe für unser Land, wir haben schon genug Verbrechen an den Armen begangen!

In diesem Frühjahr ist in Amerika eine Friedensbewegung entstanden, die in den besten Traditionen des anderen Amerika steht. Millionen von Bürgern der Vereinigten Staaten wissen heute, daß die Regierung ihres Landes den Frieden am meisten bedroht, weil sie mit dem Gleichgewicht des Terrors nicht zufrieden ist und lieber Number one, Nummer eins sein will. Nicht Nr. 1 in Schulen, in Gesundheitsfürsorge, im Lebensstandard, sondern Nr. 1 in Vernichtungskapazität, in Trident submarines, in Cruise Missiles, Pershing II, in Giftgas. In diesem Sinn will die amerikanische Regierung Nr. 1 sein. Aber die Menschen in Amerika wissen, daß das nicht ihre Regierung ist. Nicht die sprechen für die wirklichen humanen, auf Gerechtigkeit und Demokratie bezogenen Traditionen des großen amerikanischen Volkes, mit dem wir uns verbunden fühlen und das heute genauso an uns denkt. Ich habe eine Reihe von Telegrammen da, von christlichen und anderen Gruppen aus Amerika, die klarmachen, daß das, was die Amerikaner mit dem »Einfrieren« der nuklearen Bomben und dem Stopp von Aufbau, Testen und Stationieren von Atombomben wollen, genau mit unseren Zielen übereinstimmt. Das ist eine internationale Bewegung, wir lassen uns nicht spalten. Wir wissen ganz genau, daß die Menschen, die übermorgen in New York – vielleicht sind es auch 500 000 – demonstrieren werden, für unsere Ziele sprechen. Sie wollen genauso wie wir eine atomwaffenfreie Welt.

Die Holländer haben uns in diesem Jahr eine neue Definition von »Freiheit« geschenkt. Jede Generation hat das Recht, und nicht nur das Recht, sondern die Pflicht, die Freiheit klar und neu zu definieren, und unsere Definition ist: Freiheit von Atomwaffen. Weg mit dem atomaren Wahnsinn! Wir können nicht frei sein, solange wir in der Atomsklaverei leben. So wie das Problem der Sklaverei im vorigen Jahrhundert von Menschen in Amerika angegangen worden ist, die gesagt haben: Wir können nicht frei sein und Sklaven haben – da waren Christen dabei, die sagten: Wir können nicht Christus dienen und Sklaven halten –, genauso stehen heute Hunderttausende auf und sagen: Wir können nicht Atomwaffen haben und zugleich Christen sein und zugleich für Frieden sein. Wir haben eine andere Definition von Freiheit, und wir haben eine andere Definition von Frieden als Mr. Reagan. Wir meinen Frieden, der auf Gerechtigkeit aufgebaut ist, und nicht Frieden, der auf Militarismus aufgebaut ist. Jeder Friede, der auf Militarismus aufgebaut ist, führt zum Krieg. Wir sehen das jeden Tag. Wir sehen das in El Salvador, in der Türkei, dem europäischen El Salvador, was wir und unsere Regierung mit vorbereiten, in der Folter und Tortur der Menschen, die für die Menschenrechte aufstehen. Frieden läßt sich nicht auf Militarismus aufbauen, Frieden läßt sich aufbauen auf mehr Gerechtigkeit. Und deswegen stehen, wir hier, weil wir eine andere Vision vom Leben haben.

Schwestern und Brüder, fühlt wie stark wir sind. Fühlt, daß wir mehr sind und daß wir eine andere Wahrheit verkörpern, als die, die uns belügen und die immer noch über uns herrschen.

Gus Newport
(Bürgermeister von Berkley, USA)

Die amerikanische Friedensbewegung

Ich danke den hier anwesenden Friedensgruppen für die Einladung zu dieser wichtigen Massendemonstration. Die amerikanische Friedensbewegung begrüßt die Entschlossenheit, mit der ihr hier eure Regierung dazu bringen wollt, das zerstörerische weltweite Wettrüsten zu beenden. Sie wünscht euch dafür einen baldigen Erfolg. Seid versichert, daß ihr mit eurem Enthusiasmus und Einsatz für den Frieden und eurem engagierten Widerstand gegen den Krieg und die Kriegsvorbereitungen ein kraftvolles Beispiel nicht nur für die Friedensbewegung in den Vereinigten Staaten setzt, sondern für die Friedenskräfte in der ganzen Welt.

Ihr dürft nicht vergessen, daß Frieden dem Wesen nach ein lokales Anliegen ist, das viel zu entscheidend ist, um es nationalen Politikern zu überlassen, die den Kontakt zu ihrem Volk verloren haben. Sie streben nach wirtschaftlicher Macht, wenn nötig, unter Einsatz militärischen Terrors. Das führt ihre angebliche Sorge um eine florierende Wirtschaft und eine friedliche Gesellschaft ad absurdum. Es sind die gleichen Politiker, die die Zerstörung der Umwelt betreiben, statt sie zu schützen und sich ihrer Schönheit zu erfreuen.

Zur Zeit findet die zweite Sitzung des UN-Abrüstungsausschusses in New York statt. An ihr nehmen Vertreter aller Länder teil. Wir hoffen und beten, daß diese Verhandlungen verantwortungsvoll geführt und erfolgreich abgeschlossen werden. Klaus Mannhardt, einer eurer Friedensorganisatoren, hatte seinerseits die Absicht, zu dieser Friedensveranstaltung zu fahren. Ihm wurde von der amerikanischen Regierung die Einreise verwehrt. Aber nicht nur dieser deutsche Friedenskämpfer wurde von der amerikanischen Regierung nicht hereingelassen, 182 japanische Visaanträge wurden ebenfalls abgelehnt. Dies löste weltweit einen erheblichen Protest aus. Es gab überall in der Welt Pressekonferenzen, und auch in unserem Land war der Protest groß. Beispielsweise hat die Bürgerrechtsbewegung, eine Organisation der Rechtsanwälte in Amerika und sogar ein Bundesrichter gegen diese Visa-Verweigerung protestiert.

Die Friedensbewegungen bei uns wie auch die in Europa befinden sich jetzt an einem Scheideweg. Hier in Europa mußtet ihr gleich zweimal in diesem Jahrhundert euer Land wieder aufbauen. Ihr wißt daher, was es heißt, die Folgen und die Leiden des Krieges zu tragen. Weil wir durch die geplante Raketenstationierung auf eurem Boden, die euch zum Atom-Explosionszentrum Nr. 1 der amerikanischen Stützstrategie macht, weil ihr dadurch existenziell bedroht seid, fordert ihr mit Recht hier und heute ein atomwaffenfreies Euro-

DIE HÄUSER
SOLLEN NICHT BRENNEN
RAKETEN
SOLL'T MAN NICHT KENNEN
DIE NACHT
SOLL FÜR DEN SCHLAF SEIN
DIE MÜTTER
SOLLEN NICHT WEINEN
KEINER
SOLL MÜSSEN TÖTEN EINE...
ALLE
SOLLEN WAS SCHÖNES B...
DA KANN MAN ALLEN T...
DIE JUNGEN SOLLEN'S ER...
DIE ALTEN DESGLE...

U.S. CITIZE...
...
AGAINST
REAGA...

pa. Weil wir in den Vereinigten Staaten seit dem letzten Bürgerkrieg keinen weiteren Krieg erlebt haben, entschied sich die Friedensbewegung bei uns für das »Einfrieren« (freeze) nuklearer Waffen. Aber das ist nur ein erster Schritt. Der amerikanischen Bevölkerung muß klar werden, wie zerstörerisch ein Atomangriff ist, und sie muß begreifen, daß niemand einen Atomkrieg überleben kann.

Eine Meinungsumfrage, die wir kürzlich in den Vereinigten Staaten durchführten, zeigte das unglaubliche Ausmaß der Unterstützung, die wir in der Bevölkerung finden. Die Zahlen sind folgende: 61 Prozent der weißen kalifornischen Bevölkerung sprach sich für einen Stopp der Atomwaffen aus. 70 Prozent der schwarzen Bevölkerung in Kalifornien, 72 Prozent der spanisch sprechenden Bevölkerungsgruppen sind für einen Stopp der Atomwaffen. Im November finden bei uns in verschiedenen Bundesstaaten Wahlen statt. Wenn es dann gelingen wird, die Friedensbewegung durchzusetzen, so werden wir Washington ein nicht überhörbares Signal gegeben haben.

Kalifornien ist der größte Bundesstaat mit der ärgsten und breitesten Rüstungswirtschaft. Die Wähler werden erst durch uns erfahren können, wie lebensbedrohend der Rüstungswettlauf auch für unsere Wirtschaft ist. Einige konkrete Zahlen dazu: Durch die Rüstungsinvestitionen werden mit einer Milliarde Dollar 75 000 Arbeitsplätze geschaffen. Diese Arbeitsplätze sind äußerst anfällig, sie sind allen inflatorischen Entwicklungen unterworfen. Aber das ist nicht alles. Wenn diese Milliarde Dollar in öffentliche Verkehrsmittel investiert würden, entstünden 92 000 Arbeitsplätze, also viel mehr als in der Rüstungsindustrie. Wenn sie im Bauwesen eingesetzt würden, würden 100 000 Arbeitsplätze entstehen. Wenn sie im Gesundheitswesen investiert würden, entstünden 138 000 Arbeitsplätze und im Erziehungswesen 187 000. Der Entzug von insgesamt 50 Milliarden Dollar kostet die Wirtschaft der Vereinigten Staaten in den kommenden Jahren fünf Millionen Arbeitsplätze. Wir müssen uns klar darüber werden, daß das militärische Aufrüsten für die Welt nicht nur zerstörerische Gefahren bringt, sondern daß es auch Chaos für die Wirtschaft bedeutet.

Wir hoffen, daß es uns gelingen wird, neue Bündnisse mit anderen Bevölkerungsgruppen in unserem Lande zu schließen, damit die Friedensbewegung zu stärken und die Reagan-Administration in ihrem Rüstungswahnsinn zu stören, sie zu einem Kurswechsel zu zwingen, oder sie gar auszuwechseln. Das Volk der Vereinigten Staaten ist nicht einverstanden mit der Politik von Präsident Reagan. Immer mehr Bürger in unserem Land stellen Fragen. Immer mehr sind betroffen, sind schockiert. Sind schockiert darüber, daß 1,6 bis 2,1 Billionen Dollar in den nächsten fünf Jahren für Rüstung ausgegeben werden sollen, und dies angesichts von 10 Millionen Arbeitslosen. Wir mußten feststellen, daß kein anderes Land in der Welt eine so militärische Politik betreibt wie die Reagan-Regierung.

Am kommenden Samstag, am 12.6., werden wir in Amerika in fast allen Städten Demonstrationen haben. In New York erwarten wir die Teilnahme von einer Million Demonstranten. Wir müssen die Friedensbewegung in unserem Lande stärken, wir müssen den Diaglog zwischen den Bevölkerungsgruppen aufnehmen und aufrechterhalten. Wir müssen aber auch den Dialog zwischen den Völkern fortsetzen. Wir müssen unsere Bevölkerung, unsere Politiker dazu bringen, daß wir unsere Ressourcen für die Entwicklung unseres Lebensraumes benötigen. Wir sind nicht mehr bereit zu Kompromissen, sondern wir wollen, daß beiderseits des Atlantiks sich die Friedensbewegungen gegenseitig unterstützen, über den atlantischen Graben hinweg operieren. Wir müssen mehr für das Volk und weniger für Waffen fordern. Unsere Kenntnisse dürfen heute nicht mehr gegen die Menschen verwandt werden, sondern sie müssen dazu verwandt werden, daß wir kein nukleares Aufrüsten mehr haben, keine Verteidigungsanlagen mehr bauen. Wir sind für ein Einfrieren der nuklearen Waffen. Wir fordern atomwaffenfreie Zonen, wir fordern Abrüstung, wir fordern Einfrieren des Waffenarsenals.

Jon Reverend Davidson (USA)

Es ist Zeit, den Rüstungswettlauf zu stoppen!

Präsident Reagan, Mr. Breschnew! Die NATO-Führer reden jetzt vom Frieden. Das ist besser als die kriegstreiberische Rhetorik der Vergangenheit. Aber Gespräche sind kein Ersatz für Abrüstung. Ich komme mit einer Botschaft der Nuclear Freeze Campaign. Mit Euch möchten wir den NATO-Führern sagen: es ist Zeit, den Rüstungswettlauf zu stoppen!

In den USA gibt es eine stärker werdende Friedensbewegung an der Basis. Innerhalb der letzten zwei Jahre haben 387 Stadtgruppen, 125 Stadträte, 8 Bundesabgeordnete, der demokratische Senator Kennedy, der republikanische Senator Hatfield und 194 andere Kongreßmitglieder die Nukleare Einfrierkampagne unterstützt. Religiöse Führer, 135 katholische Bischöfe, die Nationalversammlung religiöser Frauen, die Vereinte Kirche der Christen und tausende lokaler Kongregationen rufen »Haltet das Wettrüsten auf!« Ebenso die Gewerkschaften, Berufsgenossenschaften, die Southern Christian Leadership Conference. Auch meine eigene Kirche, die presbyterische Kirche der USA, unterstützte den Aufruf mit 600 zu 15 Stimmen. Seitdem haben mehr als 2/3 der lokalen Presbytergruppen den Aufruf unterstützt, manchmal einstimmig. 86% unterstützen ihn.

Die »Nuclear Weapon Freeze Campaign« stellt die Forderungen auf:

»Wir fordern die USA und die Sowjetunion auf, ein sofortiges beiderseitiges Einfrieren der Tests, Produktion und Erstellung aller Nuklearwaffen und Abschußsysteme zu verhängen. Diese Einfrierung soll den Verhandlungen über beiderseitige Abrüstung vorangehen. Ohne dieses Einfrieren würden neue und gefährlichere Waffensysteme von beiden Seiten gebaut und aufgestellt, während Verhandlungen geführt werden. Das Einfrieren muß alle neuen Waffensysteme auf beiden Seiten erfassen. Wir hoffen, daß die Völker und Regierungen Europas in Ost und West diesen Aufruf unterstützen und damit einen ersten Schritt in Richtung auf nukleare Abrüstung in beiden Lagern tun. Wir möchten den europäischen Friedensbewegungen unsere Unterstützung für ihr Ziel einer atomfreien Zone von Polen bis Portugal vermitteln. Wir glauben, daß eine US-sowjetische Einfrierung ein wichtiger Schritt in diese Richtung ist.«

Eine bilaterale Einfrierung ist sicherlich im Interesse beider Supermächte. Sie ist erreichbar, denn sie braucht keine neue Technologie. Sie wäre ein Zeichen der Hoffnung für alle. Sie könnte das Klima der Furcht zu einer Chance für eine bessere Welt verwandeln. Von hier aus fahre ich nach New York City, wo am Samstag mehrere Hunderttausende für den Frieden demonstrieren werden. Diese Demonstration wendet sich an alle Regierungen, die über Nu-

klearwaffen verfügen, aber zuerst an unsere eigene. Sie betont die Notwendigkeit einer anderen Rohstoffnutzung zur Schaffung von Arbeitsplätzen, die nur in Friedenszeiten funktioniert. Über 76% der Amerikaner unterstützen ein sofortiges Einfrieren der nuklearen Waffenproduktion und Aufstellung. Dies ist unsere Botschaft an die Natoführer in Bonn. Unsere Botschaft an die UN-Sondersitzung ist, daß wir Handlungen zur Einschränkung der atomaren Kriegsbedrohung wollen. Unsere Botschaft an Präsident Reagan – hören Sie auf die Völker der Welt und auf Ihres. Wir wollen mehr als leeres Friedensgeschwätz: jetzt einfrieren und dann verhandeln.

Dieser Planet ist der Menschheit einzige Heimat. Zukünftige Generationen sollen sagen können, daß 1982 Menschen in der ganzen Welt den Frieden mit solchem Nachdruck gefordert haben, daß die Nationen vom Pfad der Zerstörung durch nuklearen Overkill abkamen und die Straße der Waffenreduktion wählten, die zu Gerechtigkeit und Frieden führt und auf der Liebe und Hoffnung gedeihen. Wir sagen nur: Gebt dem Frieden eine Chance!

Jetzt ist die Zeit für die Männer und Frauen der Friedensbewegungen, sich zusammenzuschließen und auf die Führer der Nationen Druck auszuüben. Es ist Zeit, sicherzustellen, daß wir nicht beim Kampf um nationale Macht alle in die Luft gejagt werden, sondern daß wir die Nationen zurückrufen in den Kampf um die Menschenwürde, ökonomische Gerechtigkeit und politische Freiheit. Das nukleare Wettrüsten muß gestoppt werden, damit die eigentlichen Ziele, Hunger und Armut zu beenden, in weltweiter gerechter und friedlicher Zusammenarbeit erreicht werden können.
Amen!

Julia Esquivel
(Befreiungsbewegung Guatemala)

Wir sind Brüder und Schwestern

Compañeras, Compañeros,

wir sind hier versammelt im Namen aller friedliebenden Christen und Nichtchristen der Völker der Dritten Welt, die durch Waffengewalt beherrscht und verelendet werden. Wir, die Unterdrückten der überausgebeuteten Länder, fühlen uns zutiefst solidarisch mit Euch, den Mitgliedern der Friedensbewegung in Europa. Wir wissen, daß wir mit Euch in den Motiven für die Solidarität übereinstimmen und daß wir gemeinsame Ziele haben, um gemeinsam die Aufrüstung der Regierung der Vereinigten Staaten zurückzuweisen, die damit ihre Machtprobleme lösen und ihren Durst nach Herrschaft stillen will, und der das Leben der Menschen in der Dritten Welt und in Europa nichts wert ist. Für die Regierung von Reagan und Haig zählen wir nur als Quelle zur Bereicherung und als billige Arbeitskraft, damit sie Kapital anhäufen kann.

Zunächst wollen wir alle Christen in Südafrika, in Asien und Lateinamerika repräsentieren, die durch Militärdiktaturen unterdrückt werden. Wir repräsentieren alle unterdrückten Frauen, die nicht wirklich am wirtschaftlichen und politischen Leben unserer Länder teilnehmen dürfen. Die Frauen, wie die Mütter von der Plaza de Mayo, deren Stimme durch den Konflikt um die Falkland-Inseln zum Schweigen gebracht wurde, einen Konflikt, der den Militärs von Argentinien und England nur dazu dient, gegen die Interessen ihrer Völker aufzutreten. Wir bringen das Klagen der Witwen aus dem Iran zu Gehör, der mißachteten schwarzen Frauen aus Südafrika und den USA, sie sind unsere Schwestern, Opfer des gleichen Systems der Mißachtung und Ungerechtigkeit, Schwestern von uns Frauen aus El Salvador und Guatemala, die wir gegen die Gewalttätigkeit einer Regierung kämpfen, die sich nur mit Hilfe der Waffen an der Macht hält.

Wir repräsentieren alle unterdrückten und ausgebeuteten Rassen: Die Neger, die Indios in den Ländern, wo einige wenige Weiße oder einige wenige Unterdrücker, die Besitzer des Kapitals, die große Mehrheit der Menschen in Ausbeutungsobjekte verwandeln, um Kapital und Macht anzuhäufen. Bezahlt wird das mit Unterernährung und Krankheit, aus Armut und Mangel an Erziehung dieser Mehrheiten.

Zusammen mit den Türken, den Arabern, den Italienern und den Spaniern fordern wir das Recht, menschenwürdig zu leben. Wir sind Brüder und Schwestern von allen, die von einem Land in ein anderes auswandern, weil sie durch die Armut gezwungen werden. Diese ist von den Multinationalen verursacht, die von Herrn Reagan mit Cruise missiles in Europa, mit Militärbera-

tern in El Salvador, mit Bomben und Napalm eingesetzt gegen die Indios in Guatemala und im Valle de Cauca in Kolumbien verteidigt werden. Wir, friedliebende Christen und Nichtchristen der Dritten Welt, bitten die Regierungen der zivilisierten und entwickelten Länder, die bereits blutige und sinnlose Kriege erlebt haben, die Souveränität nicht zu beugen, die Freiheit nicht zu verkaufen, den Frieden in ihrem Land nicht zu begraben, sich nicht von der »Politik der Nationalen Sicherheit«, die im Pentagon erarbeitet wurde, betrügen lassen.

Wir Lateinamerikaner kennen sehr gut die »Friedens«politik, die der ideologischen Rechtfertigung für die Unterstützung der Militärdiktaturen dient, wie der von Duvalier in Haiti, von Stroessner in Paraguay, von Pinochet in Chile, der Militärjunta in El Salvador und der von Efrain Rios Montt, der in den vergangenen sechs Wochen in Guatemala 20 Massaker zugelassen hat. Alle diese Diktaturen reden vom Frieden, alle geben vor, das Land vor der kommunistischen Gefahr retten zu wollen, während sie mit Waffen, die im Westen hergestellt wurden, tausende von Kindern, Frauen und Greise töten. In diesem Moment töten sie die Bevölkerung mit der Hilfe Reagans, um die Interessen einiger weniger zu schützen.

Wir, die Unterdrückten der Dritten Welt, sind hier anwesend, um Euch, unseren Brüdern und Schwestern, zu sagen, daß ihr weiter von Euren sogenannten demokratischen Regierungen das fundamentale Recht des Menschen auf ein friedliches Dasein fordert, das Recht auf einen Frieden, der auf gerechten wirtschaftlichen Beziehungen zwischen den entwickelten und den ausgebeuteten Ländern beruht. Fordert ein neues Wirtschaftssystem, das eine Welt der Gleichheit schafft und keine kranke Welt, krank durch den übertriebenen Konsum auf Kosten einer verelendeten Dritten Welt, die jetzt gewaltsam mit Hilfe der Waffen kontrolliert wird, die die Regierenden in Washington verkaufen.

Wir sind hier, weil wir den Frieden, den wahren Frieden wünschen. Den Frieden, der auf der Gleichheit der Rechte und Verantwortlichkeiten, der Brüderlichkeit und der Gerechtigkeit beruht. Wir wollen nicht den Frieden der Friedhöfe, wo mit Gewalt Schweigen und Ordnung erzwungen wird, wie das heute in Guatemala und El Salvador geschieht. Wir wollen keinen Frieden, der durch die Gewalt von Nuklearwaffen gemacht wird, die vom Monte Diablo kommt. Wir wollen keinen Frieden, der das Grab der Freiheit, der Brüderlichkeit und der Freude ist. Wir wollen aber den Frieden, der die gerechte Verteilung der Güter der Erde beinhaltet, wo diejenigen, die den Kaffee, die Früchte, das Zuckerrohr, das Getreide anbauen, auch das Recht haben, wie menschliche Wesen zu leben und als solche geachtet zu werden, und nicht von den multinationalen Konzernen als Lasttiere mißbraucht werden. Wir wollen den Frieden, der den Armen dieser Welt Wohlergehen, Sicherheit, Erziehung, Gesundheit und den Reichtum gibt, den sie selbst herstellen mit ihrer Arbeitskraft.

Wir wollen keinen Frieden, der mit Waffengewalt aufgezwungen wird, durch die Multinationalen und auch durch die, die von einer Hauptstadt zur anderen reisen, um das Schicksal der Welt zu bestimmen. Wir wollen keinen

Frieden, bei dem einige wenige immer reicher werden und damit die Armut der Menschheit verursachen. Wir wollen keinen Frieden, in dem wir, die Mehrheit, nur Roboter sind in dem mörderischen Plan, der die Welt ins Chaos des nuklearen Krieges führt, um damit die Macht in wenigen Händen konzentrieren zu können.

Wir sind und wir fühlen uns als Brüder und Schwestern der diskriminierten Schwarzen in den USA, wir sind Brüder und Schwestern der Millionen in diesem Land, die aktiv gegen die Politik von Haig, Reagan und Kirkpatrick aufstehen. Wir sind Brüder und Schwestern der Schwarzen von Südafrika, der Indianer in den USA, in Kanada, in Peru, in Bolivien, in Kolumbien, in Paraguay, im Norden Brasiliens, in Australien und der verfolgten Indios in Guatemala. Sie alle werden von den Multinationalen der Erdöl, Nickel oder Nahrungsmittel verarbeitenden Industrie von ihrem Land vertrieben und ermordet. Wir sind Brüder und Schwestern von denen, die hier in Europa Häuser besetzen und damit der Welt zeigen, daß das Leben und das Wohlergehen der Familien einen höheren Wert haben als Geld.

Die aktuellen Kriege, wie der im Mittleren Osten, sind ein wunderbares Geschäft für die Waffenfabrikanten in Ost und West. Waffen, die die Apartheid in Afrika, den Völkermord an Indios am Amazonas und den Krieg zwischen den Militärs von Argentinien und Großbritannien ermöglichen. Die Lehre von Vietnam, daß ein »demokratisches« und »christliches« und »entwickeltes« Land ein zum Kampf um die Freiheit entschlossenes Volk unterdrücken, kontrollieren und beherrschen wollte, wurde nicht gelernt, nicht angenommen und von den Regierungen der USA nicht verstanden; im Gegenteil: es besteht sogar die Absicht, das Verlorene mit Hilfe der Verbündeten wieder zu erobern. Die jetzige Regierung der USA hält sich für den Besitzer und Herrn nicht nur der Dritten Welt, sondern mit dem Besuch hier zeigt sie, daß sie auch Herr der europäischen Länder werden will, und deshalb hat sie vor, durch Terror und Gewalt die Aufstellung von Cruise missile zu erreichen, um Europa in die Plattform eines Krieges zu verwandeln, der nicht der Kampf Europas ist. Herr Haig hat vor einigen Wochen in Cancún erklärt, daß einige tausend Tote mehr oder weniger in Mittelamerika seine Regierung nicht beunruhigen, wichtig sei, die Herrschaft über Mittelamerika, den Hinterhof der USA, zu behalten. Wichtig sei, die Herrschaft über den Panamakanal zu behalten, um ihre Kriegsmarine frei und ohne Schwierigkeiten zum Pazifik und Atlantik bewegen zu können. In anderen Worten, sie brauchen viele Zonen wie den Panamakanal, nicht nur in Mittelamerika, sondern auch in Europa, Asien und Afrika, um die Welt kontrollieren zu können, die sie für ihr Privateigentum halten.

Das soll unsere Sicht erhellen und uns noch mehr dazu treiben, unser Recht auf Leben zu verteidigen, das alle Menschen auf der ganzen Erde besitzen. Wir lieben das Leben und die Freiheit, wir wollen wie Brüder und Schwestern leben und wollen uns nicht in Wölfe für die übrigen Völker der Welt verwandeln. Wir sind mit einem menschlichen Körper geschaffen, mit zwei Händen und nicht mit Krallen, mit einem Mund, um uns zu ernähren, und nicht mit einem Tigermaul, um einander anzugreifen, zu beißen und zu zerstückeln.

Ein Maschinengewehr, ein Bomber, eine Cruise Missiles oder ein militärischer Trainingskurs machen den Menschen zur Bestie. Die menschliche Rasse ist eine Einheit. Wir glauben an Gott als Vater aller Menschen, vor dem es keinen Unterschied zwischen Schwarzen und Weißen, Roten und Gelben, Männern und Frauen gibt. Wir müssen und wir wollen wie eine einzige Familie leben. Wir haben die Hoffnung und die Sehnsucht, daß es eines Tages keine Armen mehr auf der Erde geben wird, keine Diskriminierten, keine Mehrheiten, die zu Sklaven gemacht werden von einigen großen Herren, deren einzige Sorge dahin geht, Kapital in großen Machtzentren anzuhäufen, um die Welt weiterhin beherrschen zu können, den Dollar zu verbreiten und Angst mit Hilfe der Bomben und Granaten, der Maschinengewehre und Soldaten zu verbreiten, die in ihrer Kindheit einmal menschlich gewesen sind.

Das ist eine unverständliche Sprache für den Herrn Reagan, den nur interessiert, sein Land in den großen Cowboy des Westens zu verwandeln, das durch Terror und Krieg herrscht, das reich wird durch Herrschaft, die in der Welt befiehlt und die Richtung angibt, und das in seinen imperialistischen Träumereien Europa für seinen Vorhof und dessen Einwohner als Kanonenfutter bei einem möglichen und hypothetischen Zusammenstoß mit dem Feind im Osten ansieht.

Wir nehmen an diesem Ost-West-Konflikt nicht teil. Wir wollen den Frieden, wir wollen als Menschen und als Freunde leben. Schließlich sind wir auch hier, wie viele von Euch, die Ihr an der Friedensbewegung teilnehmt und Euch mit den Befreiungsbewegungen in der Dritten Welt solidarisch erklärt. Ihr wart solidarisch mit dem heldenhaften Volk von Vietnam, ihr seid solidarisch mit den Schwarzen in Südafrika, ihr seid solidarisch mit den Verfolgten aus Haiti, die vor dem Tod in die USA fliehen, an deren Stränden sie sterben oder eingesperrt werden, denen das Asylrecht und das Recht auf Überleben verweigert wird, viele von Euch sind solidarisch mit dem Volk von El Salvador, das darum kämpft, in Freiheit zu überleben, und versucht, die Militärberater zu vertreiben, die kommen, um zu zerstören, zu töten und mit Gewalt einen falschen Frieden aufzudrängen. Ihr seid solidarisch mit den Indianern in den USA, denen Schritt für Schritt ihr Land weggenommen wurde, die ihrer Kultur beraubt wurden und die jetzt in den Schwarzen Bergen von Oklahoma ihr Leben verlieren, und zwar mit denselben Waffen, mit denen Araber und Israelis im Nahen Osten töten.

Nehmen wir uns an der Hand, wir aus der Dritten Welt und Ihr, die wir alle für den gleichen Frieden kämpfen; darum, eine gleiche Familie zu sein, und ein rundes NEIN denen zuzurufen, die uns zu Bestien machen wollen.

Nein zur militärischen Ausbildung, Nein zum Plan der NATO, Nein zur Aufrüstungspolitik Reagans, Nein zur nuklearen und nichtnuklearen Aufrüstung!

Ja zum Leben, Ja zur Brüderlichkeit, Ja zur sozialen Gerechtigkeit, Ja zum Frieden!

Klaus Mannhardt

Wir sind aufgestanden –
wir werden weitergehen!

Liebe Freundinnen und Freunde,
dort drüben im Bundeskanzleramt wurde von den Regierungschefs der NATO die Politik der Aufrüstung für die achtziger Jahre fortgeschrieben.

Wir hier wollen die Politik der Abrüstung für die Zukunft durchsetzen.

Dort drüben kam gestern das Amerika der Aufrüstung und Konfrontation zu Wort.

Hier sprach das andere Amerika, das Amerika, das mit uns gemeinsam ruft: Macht Schluß mit der Produktion, der Erprobung und der Stationierung von Atomwaffen in Ost und West.

Liebe Freundinnen und Freunde,
im Namen des Koordinationsausschusses für die Internationale Friedensdemonstration noch einige Gedanken: wie geht es weiter?

Wir rufen zum Widerstand

Hunderttausende demonstrieren in diesen Tagen in Europa gegen Rüstungswahnsinn und Kriegsgefahr, Millionen in diesen Wochen von Comiso bis New York und Tokio, von Westberlin, Washington und Bonn, von Hannover, London, Paris bis Madrid.

Wir grüßen sie. Wir grüßen die amerikanische Friedensbewegung, das andere Amerika.

Wie nah der Krieg ist, erreichbar von den jetzt schon hier stationierten Raketen, zeigen uns die toten Kinder und Frauen und Männer in den libanesischen Dörfern, in den Straßengräben El Salvadors, die Toten des Krieges um die Malwinen.

Weltweit sind Hunderttausende aufgestanden. Für die Friedensbewegung in diesem Lande sagen wir:

Wir sind aufgestanden – wir werden weitergehen!

Wir werden den Massenprotest in die großen und kleinen Orte tragen, von Arsbeck und Großengstingen, von Mörfelden und Brokdorf, von Wyhl und Bonn und Kalkar über dieses Land!

Aufstehen und weitergehen!

Wir rufen zum Widerstand! Wir rufen die Ärztinnen und Naturwissenschaftler, die Lehrerin, den Chemiker, die Frau am Computer, den Pfarrer, die Künstler, die Schriftstellerin, den Angestellten, die Arbeiter.

Aufstehen und weitergehen!

Unser Protest muß zum Widerstand werden! Widerstand den Rüstungsexporteuren und Kanonenfabrikanten. Widerstand den Atomwaffen. Tragen wir diesen Widerstand in alle Straßen, in die Schulen, Büros und Fabriken, dorthin, wo wir arbeiten und leben:

Die Stationierung neuer Atomraketen muß verhindert werden! Weg mit allen Atomwaffen.

Aufstehen und weitergehen! Denn es geht voran!

Verweigern wir uns dem Rüstungswahnsinn der NATO. Laßt uns weiterhin mit großer Phantasie, mit langem Atem, mit unserer Liebe zum Leben und mit unserem Mut »Aufstehen und weitergehen«!

Proklamieren wir den zivilen Ungehorsam: gegen die Kriegsplaner, gegen den Tod von heute und morgen, gegen den Krieg!

Stuart Holland
(Member of Parliament, GB)

Europäische Nukleare Abrüstung

Ich bin heute hier, weil Judith Harth, die Vorsitzende der Labour Partei, krank geworden ist. Gestern abend habe ich mit ihr telefoniert, und sie bat mich, Ihnen ihr ehrliches Bedauern, daß sie nicht hier sein kann, mitzuteilen. Ich soll ihre Grüße für dieses Treffen und die Bewegung für Frieden und europäische nukleare Abrüstung überbringen.

Ich betone »europäische nukleare Abrüstung«, weil dies das Thema des heutigen Treffens ist wie auch der Zusammenkünfte in anderen europäischen Hauptstädten einschließlich London, wo letzten Sonntag 250 000 Menschen demonstriert haben.

Es ist schon einige Male gesagt worden, daß die britische Labour Partei nicht europäisch sei. Natürlich stehen wir dem Europa mit Brüssel an seiner Spitze skeptisch gegenüber. Außerdem sind wir uns darüber im klaren, daß die EG nur West-Europa vertritt, während die wirklichen Probleme der Rüstung und des militärisch-industriellen Bereichs Ost- und West-Europa gleichermaßen mit einschließen. Darüberhinaus sehen wir eine deutliche Verbindung zwischen Militär- und Währungsfragen. Dies ist uns noch kürzlich vor Augen geführt worden, als Argentinien und Großbritannien – so unterschiedlich beide Regierungen auch sein mögen – durch das Trachten nach monetaristischer Politik in größte Schwierigkeiten mit ihren eigenen Völkern gerieten. Beide Regierungen sind in einen Krieg eingetreten, um einen Disput mit militärischen Mitteln zu lösen und nicht – wie es angemessen gewesen wäre – am Verhandlungstisch. Der Krieg wurde zwar durch Argentinien provoziert, jedoch hat die Thatcher-Regierung dem Frieden keine Chance gegeben. Vor allem hat sie sich der doppelten Moral bedient, indem eine Schutzzeit für die Truppen verweigert, den Profiten jedoch gewährt wurde. So hat die Bank von England nicht auf eine Begleichung argentinischer Schuld an England gedrungen,und die britische Regierung hat es zugelassen, daß private Banken ihre »üblichen Geschäfte« mit Unterstützung durch die Schweiz weiterverfolgen.

Der Gebrauch wirtschaftlicher Sanktionen hätte einen wirklichen Druck auf Argentinien bedeuten können, aber sowohl Briten als auch Amerikaner fürchteten für das internationale Währungssystem, im Falle daß Argentinien die Zahlung seiner 35-Milliarden-Schuld an die Banken im Norden eingestellt hätte. Die Zentralbanken konnten oder wollten keine Kreditmaßnahme einleiten, mit deren Hilfe sie mit einer Zahlungseinstellung diesen Ausmaßes hätten fertig werden können.

Wir müssen diese Verbindung auch in den Beziehungen zwischen Ost- und West-Europa sehen. Die Politik der Labour Partei ist es, öffentliche Kredit-

Genossenschaften zwischen Ost- und Westeuropäischen Ländern durch die Wirtschaftskommission der Vereinten Nationen für Europa aufzubauen. Ich möchte Sie ermutigen, Ihre politischen Parteien zu drängen, dasselbe zu tun. Denn zur Zeit sind europäische Länder wie Polen und Rumänien bei privaten Banken und dem Internationalen Währungsfond schwer verschuldet, nicht bei europäischen Kreditagenturen.

Solche ökonomischen Argumente sind von hoher Relevanz für die Friedensbewegung. Wenn wir wirklich dem Frieden eine Chance geben wollen, müssen wir das auf der Grundlage von Abrüstung und Entwicklung tun. Unser Bestreben nach Sicherheit muß erweitert werden von militärischen und Nuklearwaffen-Programmen auf die wirkliche Sicherheit. Kein Land, weder Polen noch Portugal, wird je sicher oder unabhängig sein, wenn es chronisch geschwächt ist in finanzieller oder ökonomischer Hinsicht.

Insbesondere kann kein europäisches Land sicher sein durch die Entfaltung von atomaren Gefechtsfeldwaffen oder taktischen Atomwaffen. Die alte Ära der gegenseitigen gesicherten Zerstörung setzte die abschreckende Wirkung nuklearer Waffen voraus, weil, ganz gleich, welche Seite sie einsetzen würde, auch die andere zerstört werden mußte.

Aber heute gibt es nicht nur den Plan, Neutronenbomben und -Geschosse zu verbreiten, sondern die aktuelle Aufstellung taktischer nuklearer Feldwaffen, die als das billigere Mittel des Panzerabwehrkrieges gelten. Zur Begründung führt man an, daß solche Waffen das Vorrücken der Warschauer-Pakt-Mächte solange aufhalten könnten, bis US- oder andere NATO-Kräfte richtig mobilisiert seien.

Aber was bliebe übrig von West-Deutschland, wenn solche Waffen angewandt würden? Wir wissen, daß die Neutronenbombe einen geringen Radius von 5 – 7 Kilometern hat. Aber die Strategie der NATO besteht darin, 40 Neutronenbomben pro Panzer-Division des Warschauer-Paktes einzusetzen. Im Falle einer Invasion des Westens würde die erste Welle in einer Angriffsspitze von 10 bis 20 Divisionen bestehen, was wiederum den Einsatz von 400 bis 800 Neutronenbomben zur Folge hätte und das hauptsächlich in West-Deutschland.

Und was würde dann von dem Rest Europas übrigbleiben? Lord Louis Mountbatten, der Cousin der britischen Königin und frühere Kommandeur der Alliierten in Süd-Ost-Asien, gab in seiner letzten öffentlichen Rede zu bedenken, daß es keinen rationalen Unterschied zwischen taktischen und strategischen Atomwaffen gibt. Denn in jedem Austausch, so betonte er, würde der Verlierer bei einem bestimmten Stand des Konflikts vorwärtsstürmen. Das Ergebnis wäre ein nuklearer Holocaust in Europa.

Bedeutet dies, daß wir die Drohung einer Invasion durch Warschauer-Pakt-Mächte hinnehmen müssen? Müssen wir »den Russen vertrauen«? Die Antwort ist: nein, das müssen wir nicht! Aber wir müssen die richtigen Fragen stellen, damit wir die richtigen Antworten bekommen.

Klar ist, daß, wenn die Warschauer-Pakt-Mächte in West-Europa eindringen sollten, sie sich dem Risiko oder der Tatsache des Krieges an folgenden Fronten gegenübersähen: (1) West-Europa selbst; (2) im Rücken China; (3)

nuklearer Angriff von Waffen in der Türkei oder der ostmediteranen Länder; (4) mögliche Intervention in Afghanistan; (5) unterseeischer Raketenangriff und (6) ein interkontinentaler Raketenaustausch. Krieg an zwei Fronten wäre für die Sowjet-Union eine große Gefahr – an sechs Fronten eine Katastrophe. Was ist mit den SS 20 Raketen? Sollten sie abgeschafft werden? Ja, natürlich. Aber die SS 20 als Raketen mittlerer Reichweite haben ihr Gegenstück nicht in Cruise Missiles und Pershing II Raketen, sondern in US-Raketen mittlerer Reichweite wie Poseidon.

Man muß die Russen nicht lieben, um festzustellen, daß eine Pershing II Rakete von ihrem Abschuß bis zu ihrem Ziel in der UdSSR nur 7 Minuten braucht. Dies ist auch der Grund, warum Präsident Reagans Null-Option überhaupt keine Option ist. Cruise und Pershing zu beseitigen, ohne Poseidon und atomare Gefechtsfeldwaffen abzuschaffen, heißt, den nuklearen Status Quo zu erhalten.

Natürlich treffen wir auf Schwierigkeiten mit derartigen Argumenten für Frieden und Vernunft. Ich bezweifle nicht, daß die Springerpresse aufgrund meiner heutigen Ausführungen versuchen wird zu behaupten, Labour-Abgeordnete in Großbritannien seien Pazifisten oder Freunde der Sowjets.

Doch ich fordere die Springerpresse auf, folgendes zu beantworten: Hat die NATO oder hat sie keine nicht-nuklear gesteuerte Panzerabwehrwaffen? Ja? Natürlich hat sie: insgesamt 180 000 gegen 55 000 verfügbare Warschauer Pakt-Panzer. Es gibt eine Verteidigung – eine nicht-nukleare – gegen eine Invasion des Warschauer Paktes, sollte dieser Fall eintreten. Nicht zuletzt ist dies eine Verteidigung, die ein Überleben der meisten West-Deutschen bedeuten könnte, im Gegensatz zu der unweigerlichen Völkervernichtung bei Gebrauch atomarer Waffen.

Und noch eine Frage soll die Springerpresse beantworten: Gibt es in der Sowjet-Union einen militärisch-industriellen Bereich? Natürlich gibt es ihn. Wird er aber gestärkt oder geschwächt durch die Atomwaffen-Programme, die im Moment im Westen aufgestellt werden? Er wird gestärkt.

Das altersgeschwächte politische Regime in der Sowjet-Union kann sich nicht selbst erneuern, ohne die Grundlage eines anderen Modells ökonomischer und sozialer Entwicklung. Inzwischen stärken Waffensysteme mit einer siebenminütigen Reaktion wie Pershing II den militärischen Bereich in der Sowjet-Union, die sich ihre Macht von den Politikern nimmt, aus Gründen technologischer Notwendigkeit.

Die einzige Chance, Sicherheit und insbesondere militärische Sicherheit in Europa zu erlangen, ist es, der nuklearen Eskalation lautstark Einhalt zu gebieten und die Schaffung einer europäischen nuklearwaffenfreien Sicherheitszone zu fordern – vom Atlantik bis zum Ural. Zumindest würde dies die nuklearen Supermächte dazu veranlassen, die Abschreckungstheorie einem wirklichen Test zu unterziehen. Wenn sie an Abschreckung glauben, sollen sie doch die nuklearen Waffen auf ihr eigenes Territorium zurückziehen und somit dieses Gebiet der Gefahr aussetzen – anstatt Europa –, durch den Austausch nuklearer Arsenale zerstört zu werden.

In diesem Sinne wende ich mich an Ihre heutige Demonstration und unterstütze sie und rufe sie auf, die Bewegung für europäische nukleare Abrüstung zu unterstützen, deren Anfangsbuchstaben in Englisch das Wort END ergeben. Die britische Labour Partei setzt sich nicht nur für unilaterale nukleare Abrüstung und den Abzug von US-Atomstützpunkten in Großbritannien ein, sondern auch für die europäische nukleare Abrüstungskampagne. Ich möchte betonen, daß dies die offizielle Politik der Labour Partei ist, stark abgesichert durch eine Resolution der Parteikonferenz und durch ihren Parteiführer, Michael Foot.

Und ich möchte auch noch einmal ausdrücklich sagen, daß Europäische Nukleare Abrüstung (European nuclear disarmament) das englische Wort END ergibt. Denn ein Ende wird es für uns alle geben, wenn wir nicht die Wirklichkeit einer europäischen nuklearfreien Sicherheitszone beginnen können.

Mit dieser Botschaft will ich enden, nur möchte ich noch hinzufügen, daß ich hoffe, viele von Ihnen am 3. und 4. Juli in Brüssel zu sehen, bei der ersten Zusammenkunft für europäische nukleare Abrüstung, eingebracht durch die Russell Foundation. Setzen Sie sich mit den Organisatoren dieser Konferenz in Verbindung, um näheres über das Treffen zu erfahren. Denn es wird ein großer Schritt sein, den 4. Juli – welcher der Tag der amerikanischen Unabhängigkeit ist – zum Tag der europäischen Unabhängigkeit von Atomwaffen und der drohenden Vernichtung zu machen.

Wir verweigern — *we resist (we boycott) refuse*
examples of action — put together by §§

Eine Vertreterin der Landesschülerkonferenz Hamburg:

An dieser Demonstration heute haben viele Schüler teilgenommen. Die Schüler wollen auch an den Schulen zeigen, daß der Frieden zum Inhalt des Unterrichts werden muß. Sie sammeln Unterschriften für den Krefelder Appell, erklären die Schule zur atomwaffenfreien Zone, organisieren Friedenswochen und engagieren sich bei vielen anderen Friedensaktivitäten. Doch bei diesen Aktionen stoßen sie ständig auf neue Schwierigkeiten. Projekttage für Frieden und Abrüstung werden von Schulleitern und Behörden behindert. Unsere Forderung nach schulfrei für den heutigen Tag wurde von den Kultusministern abgelehnt und sogar Sanktionen angedroht. Obwohl wir in Hamburg, Schleswig-Holstein, Bremen und Niedersachsen heute kein schulfrei haben, führen wir einen Schulstreik für den Frieden durch, um hier dabei zu sein.

Ein Hamburger Arzt: *Uwe*

Ich erkläre hiermit: Ab sofort stehe ich nicht mehr für Kriegsmedizin-Übungen und Katastrophenschutz-Übungen zur Verfügung. Auch ein sogenannter begrenzter Atomkrieg würde in seinen Folgen für Menschen und Umwelt grenzenlos sein. Als Arzt weiß ich: Für die wenigen, die überleben, gibt es keine Hilfe. Wer helfen könnte, ist tot, was helfen könnte, ist zerstört. Die Illusion von Schutz oder die sogenannten Vorkehrungen gegen die Folgen atomarer Katastrophen wecken falsche Hoffnungen. Sie erhöhen die Bereitschaft zum tödlichen Risiko. Wir schützen das Leben von morgen nur, wenn wir heute jeden Krieg und seine Vorbereitung verhindern. Deshalb erkläre ich hiermit: Ich werde einer Dienstverpflichtung nach den Notstandsgesetzen oder einer Einberufung zum Krieg nicht Folge leisten.

Eine ehemalige Schwesternhelferin beim Deutschen Roten Kreuz:

Vor zehn Jahren wurde ich zur Schwesternhelferin beim Deutschen Roten Kreuz ausgebildet. Voraussetzung für die Teilnahme beim Schwesternhelferinnen-Kurs war meine Unterschrift, mit der ich mich bereiterklärte, in einem etwaigen Verteidigungsfall zur Verfügung zu stehen. Mir war damals nicht bewußt, daß ich durch diese Unterschrift konkret eingeplant werde für den Kriegsfall. Außerdem war mir nicht bewußt, daß die Ausbildung zur Schwesternhelferin zu sieben Zehnteln finanziert wird vom Etat der Zivilverteidigung des Bundesinnenministeriums, und zu drei Zehnteln finanziert wird vom Verteidigungsministerium. Als ich mir dieser Konsequenz bewußt wurde, als mir bewußt wurde, daß ich im Rahmen der allgemeinen Aufrüstung durch mein Zurverfügung-Stehen auch dazu beitrage, den Krieg planbarer zu machen, das heißt, daß der Bevölkerung vorgegaukelt wurde, durch Schwestern-

helferinnen sei die Bevölkerung medizinisch versorgt, als mir das klar wurde, verweigerte ich meine Bereitschaft als Schwesternhelferin, so wie mehrere tausend Frauen in der Bundesrepublik. Ich stehe nicht mehr als Schwesternhelferin zur Verfügung!

Ein Rechtsanwalt:

In Artikel 26 unserer Verfassung heißt es: »Handlungen, die geeignet sind und in der Absicht vorgenommen werden, das friedliche Zusammenleben der Völker zu stören, insbesondere die Führung eines Angriffskrieges vorzubereiten, sind verfassungswidrig. Sie sind unter Strafe zu stellen.«
    Nach Aussagen führender Militärs sind die Cruise Missiles und Pershing II-Raketen, die in unserem Land aufgestellt werden sollen, Erstschlags- und damit Angriffswaffen. Als Rechtsanwalt wehre ich mich gegen eine Politik, die das Grundgesetz noch weiter aushöhlt, als dies ohnehin schon der Fall ist. Ich erkläre, daß ich nicht mehr bereit bin, an irgendeiner Form von Kriegsvorbereitung oder Krieg teilzunehmen.

Sophie Behr

Ein Mitglied der Gruppe »Anstiftung der Frauen zum Frieden«, Berlin:

Ich verweigere heute schon einen Teil meiner Einkommenssteuer, weil das Atomrüsten die kritische Schwelle zum Menschenmord, zum Massenmord und zum Völkermord erreicht hat. Wenn 1983 der NATO-Nachrüstungsbeschluß verwirklicht werden sollte, werde ich meine Steuern total verweigern . . . (Sie wirft Spielgeld-Scheine vom Podium.)

Ein Panzergrenadier, der zur Zeit den Wehrdienst ableistet:

Gemeinsam mit 20 Soldaten der Bundeswehr habe ich an der heutigen Demonstration teilgenommen. Wir Soldaten wollen hier gegen die Gefahr eines neuen und sicherlich letzten Weltkrieges demonstrieren, gegen die Stationierung von Pershing II und Cruise Missile, gegen Mister Reagans Pläne von einem auf Europa begrenzbaren Atomkrieg und für Abrüstung in Ost und West. Unser Ziel ist, daß noch mehr Soldaten anfangen, sich in den Kasernen gegen neue Massenvernichtungswaffen in Europa zu wehren. Wir informieren unsere Kameraden, sammeln Unterschriften für den Krefelder Appell. In den Niederlanden verweigern immer mehr Soldaten Wachdienst an Depots für Atomwaffen. Inzwischen kriselt es in Sachen Raketenstationierung nicht nur unter Wehrpflichtigen, sondern auch in Teilen des Unteroffizier- und Offizierkorps. Der rechtslastige Bundeswehrverband fordert angesichts dieser Entwicklung vor ein paar Wochen in seinem Verbandsorgan die Einsetzung eines Bundeswehrkrisenstabes, um die Soldaten in Sachen Raketenstationierung wieder auf Vordermann zu bringen. Deshalb werden wir uns mit dem Schwung dieser Demonstration dafür einsetzen, daß an noch mehr Standorten

Initiativen »Soldaten gegen Atomraketen« entstehen, wie es sie teilweise schon seit einigen Monaten gibt. Wir bitten euch, diese zu unterstützen, denn gemeinsam sind wir stark. Weg mit den US-Atomraketen.

Ein Reservist aus Hamburg:

Ich bin seit zehn Jahren Reservist. Gleich nicht mehr. Wo hier soviele Reden geschwungen werden – ich bin so'n bißchen mehr fürs Handeln. Laß uns das machen. Ich hab' hier sowas mitgebracht . . . Ich verweigere hiermit den Kriegsdienst . . . (er zündet seinen Wehrpaß an).

Ein Totalverweigerer:

Ich lehne jede Art von Kriegs- und Ersatzdienst ab. Die Leute, die das machen, werden in diesem Lande kriminalisiert. Ich möchte daran erinnern, daß es momentan dutzende Leute gibt, die bei uns in Arrestzellen der Bundeswehr hocken und die zu mehreren Monaten Gefängnis verknackt sind und die heute hier nicht dabei sein können. Ihr solltet überall dort, wo ihr davon etwas hört, eure Solidarität bekunden.

II. Forum-Friedensbewegung und Selbstbestimmung in der Dritten Welt

Elisabeth Thölke-Sommer
(Freundschaftsgesellschaft BRD-Kuba)

Zwei Seiten einer Medaille?

Überlegungen zum Verhältnis von Solidaritätsbewegung und Friedensbewegung

In der Globalstrategie der US-Führung sind die Verschärfung des Ost-West-Konfliktes in Europa auf der einen Seite und die »Sicherung« US-amerikanischer Interessen in der Dritten Welt auf der anderen in der Tat die beiden Seiten einer Medaille. Dennoch sind Differenzierungen nötig: Die Globalstrategie der USA schließt ein, daß die kapitalistischen Länder des Westens – unter Führung der USA – die Länder der Dritten Welt kolonialistisch bzw. neokolonialistisch ausbeuten. Bundesrepublikanische Konzerne – häufig unterstützt von der Bundesregierung – mischen dabei bekanntlich kräftig mit. Trotz Führungsrolle der USA gibt es zwischen kapitalistischen Ländern hier auch »Arbeitsteilung, Rivalitäten, Interessenssphären«. Die Erkämpfung des Selbstbestimmungsrechts der Völker der Dritten Welt beinhaltet mehr als das Zurückdrängen des kriegstreiberischen Führungsanspruches der USA. Hunger, Elend, Krankheit, Analphabetismus und Ausbeutung sind nur zu beseitigen durch die Überwindung des neokolonialistischen und kolonialistischen Abhängigkeitssystems, das diese sozialen Probleme hervorgebracht hat. Diese Systemüberwindung ist für viele Völker der Dritten Welt heute eine Überlebensfrage. Eine Überlebensfrage, die sich stellt bis zum letzten Mittel des bewaffneten Kampfes.

Im Unterschied dazu stellt sich die Frage des Überlebens in der Bundesrepublik heute zuallererst als Frage der Verhinderung eines Krieges in Europa. Die größte Gefahr geht dabei gegenwärtig von den geplanten Stationierungen von Pershing II und Cruise Missile in Westeuropa und v.a. in der Bundesrepublik aus. Die Friedensbewegung hat sich dementsprechend zum Ziel gesetzt, diese Stationierung zu verhindern. Die Durchsetzung dieses Ziels in der Bun-

desrepublik ist nicht systemüberwindend, auch wenn sie nur gegen die aktuelle Politik der Träger dieses Systems durchsetzbar ist.

Aus diesem Zusammenhang ergibt sich meines Erachtens die Bestimmung des Verhältnisses von Friedensbewegung und Solidaritätsbewegung. Dazu folgende Thesen:

Eine Verschmelzung beider Bewegungen wäre politischer Unfug

Zentrale Auseinandersetzungspunkte zwischen Friedensbewegung und Solidaritätsbewegung sind (dabei ist klar, daß es weder *die* Friedensbewegung noch *die* Solidaritätsbewegung gibt – es geht um in der jeweiligen Bewegung formulierte Vorbehalte):

● Die Friedensbewegung konzentriert sich auf Sicherung des Friedens in Europa mit der gegenwärtigen Hauptaufgabe der Verhinderung der Stationierung von Pershing II und Cruise Missile. Die Solidaritätsbewegung wirft ihr vor, zu ignorieren, daß in anderen Teilen der Welt bereits Krieg geführt wird.

● Große Teile der Friedensbewegung sind radikalpazifistisch: Der Solidaritätsbewegung wird Gewaltverherrlichung vorgeworfen. Dagegen wendet die Solidaritätsbewegung ein, daß die generelle Verneinung von Gewalt als letztem Mittel des Befreiungskampfes letztendlich das »friedliche« Ertragen imperialistischen Völkermords bedeuten könnte.

Die v.a. seitens der Solidaritätsbewegung teilweise heftige Auseinandersetzung mit Positionen der Friedensbewegung geht von der falschen Voraussetzung aus, die Essentials der einen zu den Essentials der anderen machen zu wollen. Das ist politischer Unfug: Weder darf die Solidaritätsbewegung sich »abkaufen lassen«, den bewaffneten Kampf als letztes Mittel des Befreiungskampfes anzuerkennen, noch darf die Friedensbewegung eben dies zur Voraussetzung des Friedenskampfes erklären. Geschähe das in der einen oder anderen Richtung, würden sich beide Bewegungen in hohem Maße in ihrer Wirksamkeit und in ihren Erfolgsaussichten beschneiden.

Zusätzliche Essentials, auch wenn sie von Teilen der Bewegung für noch so richtig und wichtig gehalten werden, würden die Friedensbewegung verengen.

Die Friedensbewegung betreibt keinen Verrat am Befreiungskampf

Die in der Solidaritätsbewegung formulierte Befürchtung, daß die Friedensbewegung, wenn sie nicht eindeutig zu den Konflikten in der Dritten Welt Stellung nimmt, sich gegen den Befreiungskampf stellen könnte, indem sie ihn als Gefahr für »den Frieden« einschätzt, besteht nicht. Gerade wenn die Friedensbewegung sich *eindeutig* auf den Schwerpunkt der Verhinderung der Stationierung der US-Mittelstreckenwaffen konzentriert, läßt sie sich nicht auf den Leim diffuser »Weltfriedens«-Forderungen ein, die auch NATO-Strategen vorgeben zu verteidigen.

Die Verhinderung der Stationierung der US-Raketen in unserem Land wäre ein wichtiger Schritt der Durchkreuzung der US-Globalstrategie. Sich auf dieses Ziel zu konzentrieren ist kein unpolitisches »Friede, Freude, Eierkuchen«, sondern die einzige Möglichkeit, an dieser Stelle gegen die gefährliche US-Politik erfolgreich zu sein.

Damit ist die koloniale und neokoloniale Ausbeutung der Völker der Dritten Welt nicht beseitigt. Das macht die Verhinderung der Stationierung jedoch nicht »wertlos«, sondern es macht deutlich, daß damit *ein* Konflikt im Sinne der demokratischen Kräfte gelöst ist, nicht jedoch alle Konflikte.

Die damit erzielte Entspannung des Ost-West-Konfliktes gegen die aggressive US-Konfrontationspolitik würde die Möglichkeit verbessern, auch in anderen Teilen der Welt, Erfolge gegen diese Politik durchzusetzen. Abrüstung in Europa verbessert die Bedingungen für den Befreiungskampf, aber sie ersetzt ihn genausowenig wie umgekehrt.

Die entscheidende Frage des Verhältnisses zwischen Friedensbewegung und Solidaritätsbewegung ist es, den jeweils unterschiedlichen Charakter, die jeweilige Schwerpunktsetzung und Aufgabenstellung zu wahren, ohne der jeweils anderen Bewegung »Beschränktheit« zu unterstellen.

Friedensbewegung und Solidaritätsbewegung sind 1-Punkt-Bewegungen

Der Kampf gegen die Stationierung der US-Mittelstreckenraketen und die Unterstützung des Befreiungskampfes in der Dritten Welt sind insoweit zwei Seiten einer Medaille, als beide sich in der Hauptsache gegen dieselbe gefährliche Globalstrategie der USA richten. Vor allem um die Duchsetzung dieser Globalstrategie geht es auf der NATO-Ratstagung am 10.6. in Bonn. Es ist für beide Bewegungen positiv, daß wir zu diesem Anlaß gemeinsam aktiv werden. Den Aufruf zu dieser Demonstration verstehe ich in diesem Sinne als gemeinsamen Aufruf von Friedensbewegung und Solidaritätsbewegung.
Ähnliche – auch örtliche und regionale – gemeinsame Aktivitäten sollten wir anstreben:
– zum Rüstungsexport der Länder der Dritten Welt aus der Bundesrepublik
– zum Atomgeschäft, das rechtsradikalen und faschistischen Regimen der Dritten Welt Zugang zu Atomwaffen verschafft (hier sollte auch die Anti-AKW-Bewegung einbezogen werden)
– zur Gefahr der Internationalisierung von Konflikten in der Dritten Welt durch die aggressive US-Politik.
Die Liste ließe sich fortsetzen.
Sowohl die Demonstration zum NATO-Gipfel als auch weitere gemeinsame Aktivitäten sehe ich jedoch nicht als originäre Aktionen der einen oder anderen Bewegung.

Wichtig ist, daß Friedensbewegung und Solidaritätsbewegung in einen möglichst breiten Diskussionsprozeß eintreten, um gegenseitige Vorbehalte abzubauen, Informationen und Einschätzungen auszutauschen, über Positionen zu streiten: zur US-Globalstrategie, Interventionspolitik der USA in Mittelamerika, zum Zusammenhang zwischen dem Export von Aufrüstungspolitik und Waffen und Unterentwicklung, zur Berechtigung des bewaffneten Kampfes als letztem Mittel im Befreiungskampf.

Aufgabe der Solidaritätsbewegung ist es, möglichst viele – in diesem Fall aus der Friedensbewegung – für ihre Anliegen zu gewinnen, sie zur Teilnahme an ihren Aktionen zu bewegen. Aufgabe der Solidaritätsbewegung ist es auch – wie jetzt zum NATO-Gipfel –, für weitere gemeinsame Aktivitäten von Solidaritäts- und Friedensbewegung einzutreten. Klar sollte dabei bleiben, daß keine der beiden Bewegungen in ihrer Spezifik, in bezug auf den jeweiligen Punkt ihrer Konstituierung, durch die andere ersetzbar ist. Das gleiche gilt für die Bewegung gegen die Berufsverbote, für die Frauenbewegung, für die Anti-AKW-Bewegung, für Bewegungen gegen Arbeitslosigkeit und Sozialabbau.

Zwischen allen diesen Bewegungen und der Solidaritätsbewegung gibt es zahlreiche Berührungspunkte. Alle diese Bewegungen haben als Teile der demokratischen Bewegung in der Bundesrepublik miteinander zu tun und »nützen« in diesem Zusammenhang einander. Jede dieser Bewegungen lebt davon, Menschen verschiedener politischer Auffassungen und weltanschaulicher Bindungen an einem Punkt besonderer gemeinsamer Betroffenheit zusammenzuführen.

Wir sollten mithelfen, die gegenwärtig für das Überleben in unserem Land wichtigste dieser Bewegungen, die Friedensbewegung, in ihrem zentralen Ziel zu unterstützen. Auch, wenn die Friedensbewegung nicht alle Anliegen der Solidaritätsbewegung zu den ihren macht.

Werner Rätz
(Mittelamerikakomitee, Bonn)

Friedensbewegung und Dritte Welt

1. Innerhalb des nationalen Rahmens entstehen soziale Bewegungen natürlich an einzelnen Punkten direkter Betroffenheit. Menschen wollen bessere Arbeitsbedingungen, Wohnraum, Spielplätze für ihre Kinder, wirtschaftliche Unabhängigkeit; sie fühlen sich bedroht von AKWs, Raketen, vergiftetem Essen; sie wollen der Unterdrückung durch Männer, Chefs, Eltern entfliehen. In diesem Sinne sind soziale Bewegungen tatsächlich 1-Punkt-Bewegungen; in diesem ursprünglichen Sinne sind sie auch nicht politisch, weil sie Änderungen erst einmal nur für den sie interessierenden Punkt verlangen, ohne die Überlegung anzustellen, was das ansonsten für Implikationen hat. Genau mit diesem Argument werden sie ja auch allzuoft gekontert nach dem Motto: »Ihr habt ja recht, aber andere Interessen stehen dem entgegen, die auch recht haben, und ich (der Staat, der Chef, der Ehemann, der Vater) entscheide in meiner Verantwortung für das Ganze, wer und wessen Interesse wichtiger ist.«

Eine soziale Bewegung, die diese Entscheidung eben nicht den Herrschenden überlassen will, muß notwendig über ihre reine Betroffenheit hinausgehen und einen umfassenden Rahmen aufzeigen, wie eine Verwirklichung ihrer Forderungen möglich ist; sie muß sich Rechenschaft geben, mit wem und gegen wen ihre Interessen durchgesetzt werden müssen. Dazu gehört zuerst und vor allem, genau zu verstehen, was man eigentlich bekämpft und warum das so existiert.

Alle großen sozialen Bewegungen (Arbeiter-, Frauen- Ökologie-, Befreiungsbewegungen) haben das getan und tun es noch. Auch die Friedensbewegung ist dabei, dies zu lernen. Sie muß es schnell tun, sonst stehen die Cruises Missiles und die Pershing II, die zu verhindern natürlich lebenswichtig ist.

2. Das umfassende strategische Ziel der gegenwärtigen US-Außenpolitik ist es, wieder unbestritten Weltmacht Nr. 1 zu werden. Dies gilt gleichermaßen gegenüber den Ländern des real existierenden Sozialismus, den westlichen Industrieländern und der Dritten Welt. In allen drei Bereichen hat es seit den 50er Jahren eine Entwicklung gegeben, die die uneingeschränkte Vorherrschaft der USA wesentlich eingeschränkt hat.

Diese Entwicklung hat unterschiedliche Hintergründe und Ursachen, sie läßt sich nicht mit einem einzigen Interpretationsschema fassen. Aber sowohl der Ansatz von Elisabeth Thölke-Sommer als auch die Propaganda der Reagan-Regierung laufen auf einen solchen Versuch hinaus, indem die ge-

samte Entwicklung innerhalb des Ost-West-Konflikts erklärt wird. (Natürlich bestimmen beide dabei völlig entgegengesetzte Motive, die einer sehr unterschiedlichen Kritik bedürfen, die hier aus Platzgründen nicht geleistet werden kann.)

Tatsächlich verhält es sich – fast unzulässig stark verkürzt – so, daß zur Ausdehnung des sowjetischen Einflußbereichs sowohl ein starkes Sicherheitsbedürfnis der UdSSR wie auch eigenständige Großmachtinteressen beitrugen, daß die wachsende Stärke der westlichen Industriestaaten kapitalistischen Profitinteressen geschuldet war und Unabhängigkeitsbestrebungen der Völker der Dritten Welt ihr wachsendes Selbstbewußtsein angesichts der brutalen Ausbeutung ihrer Länder ausdrückten.

Daß dabei diese Völker sich mit den Gegnern ihrer Feinde gut zu stellen suchten, ist die normalste Sache der Welt und geht nicht auf sowjetische Expansion zurück. Es existierte hier vielmehr eine – durchaus begrenzte – Interessengemeinschaft. Ebenso gibt es diese begrenzten gemeinsamen Interessen auf der anderen Seite, zwischen den USA und den westlichen Industriestaaten. Beide sehen sich in der Dritten Welt zurückgedrängt durch Befreiungsbewegungen und realen Sozialismus. Auch wenn unter ihnen Konkurrenz herrscht und sie unterschiedliche Vorstellungen über die Form der Ausbeutung der Dritten Welt haben, im Ziel sind sie sich einig. Ebenso darin, daß es ein Schritt in ihrem Interesse ist, diesen Völkern einen möglichen Bündnispartner zu nehmen. Und genau dazu dienen die neuen Atomraketen: sie sollen die Kräfte der UdSSR in Europa binden, damit die NATO ein Stück Handlungsfreiheit in der Dritten Welt wiedergewinnt.

3. Das gemeinsame Interesse der NATO an der Stationierung zielt also auf die Ausbeutung der Dritten Welt und nicht auf eine militärische Veränderung der politischen Verhältnisse in Osteuropa. Vor allem die europäischen NATO-Länder haben daran kein Interesse, steht ihnen der Comecon-Markt doch ohnehin offen und würde ein solcher Krieg ihre eigenen Ökonomien doch nur mit zerstören. Aber sie wollen die Stationierung und den führbaren Atomkrieg, um sich mit seiner Androhung Rückenfreiheit in der Dritten Welt zu verschaffen.

Diese Einsicht und damit die Notwendigkeit des Bündnisses der Friedensbewegung mit den Unabhängigkeitsbestrebungen in der Dritten Welt ist Voraussetzung zur Verhinderung der Nachrüstung. Ohne die Herstellung dieses Zusammenhangs kämpft die Friedensbewegung einen Kampf gegen Windmühlenflügel, weil sie die Antriebsursache der Gegenseite nicht erkennt.

4. Mit der Verhinderung der Nachrüstung ist ein wichtiger Schritt für die Friedensbewegung getan, aber noch nicht einmal das strategische Interesse der NATO, das dahinter steht, ist damit zerschlagen worden. Die NATO wird nur auf die Atomraketen verzichten wollen, wenn sie für ihre Ziele ein anderes, ebenso geeignetes Instrument gefunden hat.

Mit Kriegen wie im Libanon, im südlichen Afrika, auch auf den Malvinen wird gerade ausprobiert, ob das Ziel nicht auch mit massivsten konventionellen Kriegen in der Dritten Welt so nahe rückt, daß die Nachrüstung nicht mehr der Eckpfeiler dieser Strategie sein muß.

Will die Friedensbewegung soziale Bewegung sein und nicht nur kleinbürgerliches Gezeter verbreiten (»Hl. St. Florian, schütz unser Haus, zünd' and' re an!«), so darf sie ihre Überlebensinteressen nicht um den Preis des Überlebens anderer Völker durchsetzen. Sie unterschiede sich sonst in nichts mehr von den Imperialisten, außer in ihrer Kurzsichtigkeit.

Die Friedensbewegung muß also langfristig auch zu einem positiven Konzept von Frieden kommen und sich damit zur gesamtgesellschaftlichen Oppositionsbewegung entwickeln.

5. Vieles wurde hier aus Raummangel außer acht gelassen, vieles sehr, allzusehr vereinfacht dargestellt. Einige der wichtigsten fehlenden Punkte seien zumindest benannt: das Problem, in einem Land, dessen Menschen erst in geringem Umfang begonnen haben, ihre Emanzipation selbst in die Hand zu nehmen, an einem so bedeutsamen Punkt wie der Nachrüstung den Konsens der Herrschenden in sehr kurzer Zeit zu kippen; die Ignoranz von Teilen der Solidaritätsbewegung gegenüber der Bedrohung durch die Nachrüstung; Berührungsängste von Menschen unterschiedlicher sozialer und politischer Herkunft; Notwendigkeit der Kräftekonzentration; Fehlen ungebrochener emanzipatorischer Traditionen im Massenmaßstab; unterschiedlichste Zukunftshoffnungen und -perspektiven, und vieles andere mehr.

Toni Seedat (Vertreter des African National Congress in der Bundesrepublik)

Es gibt keinen Frieden ohne Befreiung

Ich vertrete hier in der Bundesrepublik die Befreiungsbewegung des Volkes von Südafrika, den African National Congress.

Liebe Freunde, wenn ich als Vertreter der Befreiungsbewegung Südafrikas sage: Ich unterstütze euren Kampf gegen die Stationierung von Pershing II Raketen, gegen die Stationierung der Cruise Missiles, gegen die Neutronenbombe, so gebe ich damit zugleich wieder, was wir als Befreiungsbewegung denken und fühlen.

Eure Demonstration ist eine gute Sache, denn ihr demonstriert für die Sache des Friedens. Zu Recht wehrt ihr euch mit aller Kraft dagegen, daß Europa zum Schlachtfeld eines Dritten Weltkrieges gemacht wird.

Es gibt bereits mehrere Konfliktzonen in der Welt, wo ein Atomkrieg beginnen könnte. Diese Zonen sind: Mittelamerika, der Nahe Osten und das Südliche Afrika.

Wir als Befreiungsbewegung sind mit euch der Meinung, daß ein Atomkrieg nicht auf eine bestimmte Region begrenzt werden kann. Das Konzept der »begrenzten Führung eines Krieges mit taktischen Atomwaffen«, oder die »Strategie des Erstschlages« sind der Anfang vom Ende dieser Welt.

Die Herrschaft der Apartheid in Südafrika ist – nach den Worten der Vereinten Nationen – ein »Verbrechen gegen die Menschlichkeit«. Apartheid heißt: Unterdrückung und Ausbeutung der schwarzen Mehrheit durch eine weiße Minderheit. Damit noch nicht genug:

Wider alles Recht hält Südafrika Namibia besetzt. Angola, Mozambique und die übrigen Frontstaaten im südlichen Afrika sind ständig den Überfällen der Rassisten ausgesetzt. Südafrika verfügt über Atomwaffen, und es hat bereits mit dem Einsatz dieser Waffen gedroht, damit wirtschaftliche und politische Macht in den Händen der weißen Rassisten bleiben. Südafrika ist damit eine direkte Bedrohung des Weltfriedens.

Südafrikas Nuklearpotential ist ein Kind des Westens. Südafrika ist zwar ein hochentwickelter Industriestaat, aber ohne Hilfe des Westens wäre Südafrika nie in den Besitz von Kernwaffen gelangt. Technologie, Know-how, ja selbst angereichertes Uran wurden und werden von NATO-Staaten geliefert. Firmen aus der Bundesrepublik kommt bei der nuklearen Aufrüstung des Apartheid-Regimes eine Schlüsselstellung zu. Dies sind, um nur einige zu nennen: Siemens, MAN, KWU, Steag, Messerschmidt-Bölkow-Blohm.

Nicht nur der ehemalige Atomminister Franz Josef Strauß, der auch heute noch in Südafrika ein und aus geht, hat sich um die Aufrüstung Südafrikas

verdient gemacht. Es ist zu befürchten, daß die Exporte bundesdeutscher Rüstungsfirmen nach Südafrika mit der stillschweigenden Duldung, wenn nicht Billigung der Bundesregierung rechnen können.

Die USA haben Südafrika schon immer unterstützt, aber seit der Amtsübernahme von Ronald Reagan forciert seine Regierung diese Unterstützung. Vor einem knappen Monat wurde bekannt, daß die USA Schritte unternommen haben, um die Restriktionen gegen den Verkauf von Material für die Atomindustrie Südafrikas zu lockern. Diese Lieferungen, die für das neue Atomkraftwerk in Koeberg, in der Nähe von Kapstadt, benötigt werden, wurden 1976 gestoppt, weil Südafrika sich weigerte, den atomaren Nichtverbreitungspakt zu unterschreiben und internationalen Sicherheitsmaßnahmen nicht zustimmt.

Die Entscheidung, den Kauf dieser Materialien zu erleichtern, macht es möglich für Südafrika, eine kleine Menge von Helium III zu bekommen – ein Stoff, mit dem man Tritium herstellt, eine Form von Wasserstoff, der für die Herstellung von Atomwaffen benötigt wird. Die Reagan-Administration hat – ich zitiere:»Eine flexiblere Handhabung der Kaufgenehmigungen von Waren und Geräten mit Doppelzweck« – Zitatende – beschlossen, also z.B. daß ein Cyber 750/170-Computer nach Südafrika geliefert wurde. Nach Angaben von informierter Seite ist die Hauptfunktion dieses Computers Atomwaffenforschung!

Südafrika ist das wichtigste Glied des Südatlantik-Paktes SATO. Auch wenn diese Schwesterorganisation der NATO offiziell noch verleugnet wird, wissen wir, daß dieses Militärbündnis bereits funktioniert. Die wichtigsten SATO-Mitglieder sind neben Südafrika: Argentinien, Uruguay, Paraguay, Taiwan und Israel. Das Hauptziel des Südatlantikpaktes besteht – so Ronald Reagan – in der Wahrung der »strategischen Interessen der USA und des Westens«. Gleichzeitig soll damit die Herrschaft der Diktatoren im sogenannten Hinterhof der USA abgesichert werden.

Liebe Freunde! Ich wiederhole: Ein Atomkrieg kann jederzeit in einer der genannten Konfliktzonen zum Ausbruch kommen. Es liegt daher in eurem, wie in unserem Interesse, daß die Konfliktherde beseitigt werden.

So wie ihr stehen auch wir an der Seite der demokratisch-revolutionären Front und der Befreiungsbewegung El Salvadors.

So wie ihr unterstützen auch wir den Widerstand des chilenischen Volkes gegen die Pinochet-Diktatur. Wir verurteilen die unverhüllte Drohung gegen Kuba und Nikaragua.

Es gibt keine Lösung im Nahen Osten ohne die Anerkennung der PLO als rechtmäßige Vertreterin des palästinensischen Volkes. Wir unterstützen den Kampf der Befreiungsbewegung Polisario um die Unabhängigkeit der ehemals spanischen Kolonie Westsahara. Gegen das Apartheid-Regime als unseren gemeinsamen Feind kämpfen wir mit unseren Brüdern für die unverzügliche Unabhängigkeit Namibias. Wir verurteilen die ständigen Aggressionen Südafrikas gegen Angola, Mozambique und die anderen Frontstaaten.

Seit mehr als 70 Jahren ist das Volk von Südafrika mit friedlichen Mitteln für seine Rechte eingetreten – ohne Erfolg. Im Gegenteil: Die Ausbeutung und Unterdrückung unseres Volkes wurden immer weiter verschärft. Die Rassisten haben uns keine andere Wahl gelassen: Nur noch bewaffnet können wir uns verteidigen, bewaffnet müssen wir unser Volk von Rassismus und Tyrannei befreien.

Der Beitrag des südafrikanischen Volkes zum Frieden, der Beitrag des ANC, ist die Beseitigung des Apartheid-Regimes!!

Nieder mit Apartheid heißt: Menschenrechte und Demokratie für unser Volk, heißt Beseitigung einer sehr ernsten Gefahr für den Weltfrieden. Der Kampf für die Befreiung und der Kampf für den Frieden sind zwei Aspekte ein und derselben Sache. Es ist daher euer Recht, daß nicht nur Afrika, sondern die gesamte Dritte Welt euren Kampf um Frieden in Europa unterstützt. Wir fordern eure Unterstützung für unseren Kampf:

– Stoppt die atomare Zusammenarbeit mit Südafrika!
– Keine Waffen aus den NATO-Ländern für Südafrika, für die Diktaturen Lateinamerikas und für die Unterdrücker der Dritten Welt!
– Verschafft dem Aufruf der Vereinten Nationen zu Sanktionen gegen Südafrika Geltung!
– Vorwärts zu einem unabhängigen, demokratischen Namibia unter Führung der SWAPO!
– Hände weg von Angola!

Liebe Freunde, es gibt keinen Frieden ohne Befreiung und keine Befreiung ohne Frieden.

Abdalla   Frangi (PLO-Palästina)

Israel will über die Zukunft des Libanon bestimmen

Israel ist in den Libanon einmarschiert. Die israelische Truppenstärke beträgt jetzt 80 000 Mann. Dies ist keine Vergeltungs- und auch keine Strafaktion mehr. Dies ist ein Vernichtungskrieg gegen das palästinensische Volk.
Israels Kriegsziele sind weitgesteckt. Sein oberstes Ziel ist – nach eigenen Worten – die Liquidierung der PLO. Israel will die PLO vernichten, um den Anspruch des palästinensischen Volkes auf Selbstbestimmung und nationale Unabhängigkeit zum Schweigen zu bringen, um die Westbank und den Gaza-Streifen zu annektieren.
Die belanglosen Worte der Sorge und Bestürzung der europäischen Regierungen und die Zerstrittenheit des arabischen Lagers haben Israel in seinem Vorhaben ermuntert.
Aber entgegen allen anderslautenden israelischen Propagandameldungen sind die libanesischen Städte Tyros, Saida, Damour und Nabatiyeh nicht gefallen. Der palästinensisch-libanesische Widerstand hat sich hier trotz der riesigen Überlegenheit der israelischen Militärmaschinerie behaupten können. An allen Fronten wird erbittert gekämpft, und die israelische Armee wird für diese Aggression teuer bezahlen müssen. Aber die Opfer unter der palästinensischen und libanesischen Zivilbevölkerung sind furchtbar. Das zweite Kriegsziel der Begin-Junta ist der Libanon selbst. Israel will über die Zukunft des Libanon bestimmen. Der Libanon soll den Kniefall des ägyptischen Präsidenten Anwar al-Sadat wiederholen. Die syrische Armee und die PLO sollen aus dem Libanon verdrängt werden und die Falangisten die Macht übernehmen.
Das US-amerikanische Veto im Sicherheitsrat der Vereinten Nationen gegen eine Verurteilung der israelischen Invasion und einer Aufforderung zum Waffenstillstand hat gezeigt, daß Israels Krieg im Libanon voll auf der Linie der US-amerikanischen Strategie im Nahen Osten liegt. Das Selbstbestimmungsrecht der Völker der Dritten Welt soll unter den Militärstiefeln der Invasoren zermalmt werden. Israel erfüllt seine Aufgabe als imperialistischer Brückenkopf der Vereinigten Staaten von Amerika.
Diese Politik und Strategie der US-Regierung bedroht aber nicht nur Lateinamerika, Afrika und den Mittleren Osten, sondern auch Europa. Europa ist zum atomaren Schlachtfeld der USA bestimmt – die Waffen sind ja schon vorhanden.
Wer den Frieden in Europa bewahren und den Frieden in der Dritten Welt herstellen will, muß das Selbstbestimmungsrecht der Völker uneingeschränkt unterstützen. Es kann keinen Frieden geben, solange die Rechte der Völker

der Welt mit Füßen getreten werden. Gerade der Palästina-Konflikt hat dies bewiesen. Auch 34 Jahre nach der Gründung des Staates Israels auf dem Boden Palästinas ist er ungelöst. Und wieviele Quadratkilometer Israel auch immer besetzen mag, wohin es seine Grenzen auch immer ausdehnen mag – an jeder Grenze, die Israel erreichen wird, werden die Palästinenser stehen und ihr Recht auf Selbstbestimmung einfordern.

Israel ist eine aggressive und expansionistische Macht. Der Krieg im Libanon hat diese Wahrheit nur bestätigt. Aber Eroberer sind wie Schnee über besetztem Land. Ihre Macht schmilzt dahin unter den ersten Strahlen der Sonne.

III. Forum Rüstung / Sozialabbau und Ökologie

Helga Arnold
(Bürgerinitiative Startbahn West)

Liebe Startbahn-Gegner!

Wir, die Bürgerinitiative gegen die Flughafenerweiterung Rhein-Main, verstehen uns als Teil der Friedensbewegung. Für uns sind die Friedensbewegung, die Umweltschutzbewegung und die zahlreichen Initiativen, die sich gegen die Ent-Demokratisierung unserer Gesellschaft wehren, untrennbar miteinander verbunden. Sind es doch die gleichen herrschenden Machteliten in unserem Land und in der Welt, die sowohl für die Zerstörung unserer Umwelt als auch für die zunehmende militärische Aufrüstung verantwortlich sind.

Die Menschen in unserer Region, die begonnen haben, sich gegen die Zerstörung der Natur und unserer Lebensbedingungen zu wehren, mußten im Laufe der Auseinandersetzungen feststellen, daß der Kampf gegen die Startbahn 18 West auch etwas zu tun hat mit dem Demokratieverständnis der Herrschenden und der dadurch hervorgerufenen Bedrohung des Friedens. In unserem Kampf gegen die Startbahn 18 West gewann der militärische Aspekt zunehmend an Bedeutung. So wissen wir heute, daß der Frankfurter Flughafen zum Herzstück der US-amerikanischen Luftwaffe gehört und daß er der größte europäische Umschlagplatz für die US-Eingreiftruppen in den Nahen und Mittleren Ost ist. Damit wird er zum Sprungbrett von militärischen Abenteuern. Nach der Logistik der amerikanischen Generäle besteht damit die Möglichkeit, daß von deutschem Boden aus ein Angriffskrieg geführt wird. Für uns ist damit klar: Wer den Frieden will, kann nicht für die Startbahn 18 West sein!

Wie ihr alle sicherlich wißt, wurde in den vergangenen Monaten von den Startbahn-Betreibern das letzte zusammenhängende Waldstück im Ballungsraum Rhein-Main unter massivem Polizeischutz gegen den Widerstand der ganzen Region zerstört. Etwa 200 Hektar Wald fielen allein für die Startbahn-Trasse. Das umliegende Wald- und Wiesengelände, besonders das Naturschutzgebiet Mönchsbruch, ist auf der einen Seite von Austrocknung, auf der anderen von Versumpfung bedroht. Für uns wird dieses Erholungsgebiet durch die zusätzliche Lärmbelästigung unbrauchbar.

Wir – das sind Menschen aller Altersgruppen aus allen Parteien und Berufen, aus Kirchen und Verbänden, mit den verschiedensten Weltanschauungen – wehren uns gegen diese ungeheuerliche Naturzerstörung. Wir sind in diesem Gebiet aufgewachsen und wollen dort weiter leben. Die Luftverschmutzung

im Rhein-Main-Gebiet ist jetzt bereits so schlimm, daß die Bevölkerung im Nordteil des Kreises Groß Gerau weit mehr Erkrankungen der oberen Atemwege aufweist als im Bundesdurchschnitt.

Der Bau der Startbahn 18 West ist für uns aber auch zum Prüfstein der Demokratie geworden. Aus machtpolitischen Interessen wird der vielzitierte Bürgerwille von unseren gewählten Volksvertretern einfach übergangen. 150 000 Menschen am 14.11. in Wiesbaden bei der größten Demonstration in der Geschichte Hessens fanden bei den verantwortlichen Politikern keine Beachtung. Unser angestrebtes und in der Hessischen Verfassung garantiertes Volksbegehren mit weit über 200 000 Unterschriften wurde von den Politikern in Wiesbaden als »verfassungswidrig« vom Tisch gefegt. Die Rodungen für die Startbahn-Trasse fanden unter massivem Polizei- und Bundesgrenzschutz-Einsatz statt. Die hessische Landesregierung versuchte, den Widerstand einer ganzen Bevölkerung gegen die Zerstörung ihrer Lebensgrundlagen in einer unglaublichen Eskalation der Gewalt zu brechen. Gegen unseren gewaltfreien Widerstand setzte die Landesregierung Polizeispitzel, bezahlte Provokateure, uniformierte Greiftrupps und Prügelkommandos ein. Wir fragen uns: Mit welchem Recht können die Herrschenden in unserem Land vom äußeren Frieden reden, wenn sie vor innerpolitischen Auseinandersetzungen bürgerkriegsähnliche Zustände schaffen?

Menschen einer ganzen Region, die für ihre Lebensinteressen kämpfen, werden diffamiert und sollen kriminalisiert werden. Wir werden uns durch die jetzt einsetzende Kriminalisierungswelle und Pressekampagne nicht spalten und einschüchtern lassen. Weit über 2000 Ermittlungsverfahren laufen, und mehr als 780 Strafverfahren sind bisher durch die Staatsanwaltschaft eingeleitet. Wir müssen erwarten, daß ähnlich wie bei Gegnern des Atomkraftwerkes Brokdorf auch an uns Exempel statuiert werden sollen. Wir werden keinen Startbahn-Gegner, der in die Mühlen der Justiz gerät, alleine lassen. Unsere Forderung lautet: Einstellung aller Verfahren gegen Startbahn-Gegner.

Unser Widerstand gegen den Bau der Startbahn 18 West ist ungebrochen, denn wir sind politisch und moralisch im Recht. Wir fordern euch alle auf: Seht euch das Vernichtungswerk an! Macht euch selbst ein Bild von dem Ausmaß der Naturzerstörung, von den Betonmauern und dem Stacheldraht, mit denen der Staat sich von seinen Bürgern abgrenzt. Unterstützt uns in unserem Kampf gegen die Umweltzerstörung in Hessen! Kommt alle am 18. September zur Demo nach Wiesbaden!

Sowohl gegen die Bedrohung des Friedens als auch gegen eine umweltzerstörerische und menschenfeindliche Politik im Inneren können wir uns nur erfolgreich wehren, wenn wir gemeinsam und entschlossen handeln. Deshalb vergeßt den heutigen Tag, und warum wir in Bonn sind, nicht. Aufstehen für den Frieden. Keine Startbahn West!

Mechtild Jansen (Initiative »Frauen in die Bundeswehr? – Wir sagen Nein!« / Zentraler Arbeitskreis DFI)

Frauen und Frieden

Liebe Freundinnen und Freunde,
wenn wir heute eine so große Friedensbewegung haben, so haben die Frauen daran einen wichtigen Anteil. Das macht den Bonner Herrschaften Sorge. »Das rechte Wort zur rechten Zeit«, das war es, was deshalb dringend für die Frauen- und die Frauenfriedensbewegung gefunden werden mußte. Nach heftigem Nachdenken kam man im Verteidigungsministerium auf die Idee: Sie füttern ihr Lieblingskind, den Rüstungsapparat, ganz einfach mit emanzipierten Frauen. Da schlägt man – so die Rechnung – gleich zwei Fliegen mit einer Klappe, die Frauen und den Frieden.

Herr Apel hat wohl im Vertrauen auf die Wirksamkeit der den Frauen vorenthaltenen Bildungschancen von »Emanzipation« und »Frieden« gesprochen. Doch das fehlte gerade noch, daß selbst unser Emanzipationsstreben noch dazu benutzt wird, uns einer Militarisierung zu unterwerfen und damit unserer Gleichberechtigung neue Knüppel in den Weg zu legen. Reservearmee, billige und willige Arbeitskräfte, Lohndrücker und Animateure für unsere Männer – das waren wir lange genug.

- Wenn schon von Emanzipation die Rede ist, dann bitte nicht Gleichberechtigung im Unrecht, sondern Gleichheit im Antimilitarismus. Dazu sollte Herr Apel abrüsten, die Truppen reduzieren und dann den Wehrdienst für Männer abschaffen.
- Statt die Kolleginnen mit scheinheiliger Mütterlichkeit aus den Betrieben zu jagen, die Familien als Parkplatz für arbeitslose Frauen zu degradieren oder die Frauen in die Armee abzuschieben, müssen mehr gesellschaftliche Einrichtungen für uns und unsere Kinder her, und das Grundrecht auf Arbeit muß endlich Wirklichkeit werden.
- Sozialabbau ist politische Devise. Frauen sind davon wieder einmal zuerst betroffen. Anstelle des dummen Geredes vom »Mißbrauch des sozialen Netzes« wollen wir mal vom Mißbrauch reden, den die Bundesregierung betreibt, wenn sie dem Unternehmer Flick Hunderte von Millionen Mark an Steuern schenkt und wenn von ihr Wirtschaftskriminalität und Steuerhinterziehung gedeckt werden. Mit diesem Geld und den Rüstungsmilliarden wären spielend über Nacht die »leeren« Staatskassen zu füllen.
- An Stelle von militaristischer Seelenmassage nun auch noch für junge Mädchen in der Bundeswehr oder der demagogischen Sorge um die angebliche »Bedrohung aus dem Osten« soll die Bundesregierung einmal ih-

re Kraft gegen die um sich greifende und bewußt geschürte Ausländer-
feindlichkeit einsetzen. Wir lassen es nicht zu, wenn die ausländischen
Kolleginnen und Kollegen wie wir Frauen in der Krise als Sündenböcke
herhalten müssen, um von den wahren Ursachen abzulenken und reaktio-
näre Politik leichter durchsetzen zu können. Statt Verbote für Aufkleber
»Reagan go home« brauchen wir Verbote für neofaschistische Organisationen und die Abschaffung der Berufsverbote.

● An Stelle demagogischer Sorgen um das ungeborene Leben und neuer
Verschärfungen für die Möglichkeiten eines Schwangerschaftsabbruches
brauchen wir Politiker, die dafür sorgen, daß bei vollkommen berechtigten
Hausbesetzungen auf Jugendliche nicht länger mit Polizeiknüppel und
Gesetzbuch eingeschlagen und das Grundrecht auf eine menschliche Woh-
nung gewährleistet wird.

All diese Verhältnisse sind ja keine schicksalshaften Fügungen, sondern
Folgen einer von Menschenhand gemachten Politik, die nichts als den Profit
kennt. Einer Politik, die allerdings auch von Menschenhand verändert werden
kann. Und zwar von uns, wenn wir uns zusammenschließen und gemeinsam
kämpfen.

Wenn wir Frauen für unsere Gleichberechtigung und die Solidarität für die
Gleichberechtigung aller Unterdrückten kämpfen, dann brauchen wir zuallererst den Frieden. Und deshalb bleiben wir dabei von der Bundesregierung zu
fordern: der NATO-Ratsbeschluß muß weg! Von dieser Hauptaufgabe lassen
wir uns nicht ablenken. Und dabei lassen wir uns auch nicht untereinander
aufspalten. Nur gemeinsam haben wir eine Chance, die neuen US-Atomraketen in unserem Land zu verhindern. Wir sind aufgestanden, um zu kämpfen,
und wir werden weiterkämpfen!

IV. Forum NATO-Politik, Atomkriegsstrategien, Blocklogik und ihre Alternativen

Mohssen Massarrat (Osnabrücker Friedensinitiative)

Schluß mit der Geheimdiplomatie auf dem Rücken der Völker

Während die NATO-Strategen in dieser Stadt ihren Gipfel zelebrieren, führt das NATO-Land Großbritannien in den Malvinen einen Krieg, um dort sein letztes koloniales Erbe zu »verteidigen«. Gleichzeitig setzt der Hauptverbündete der NATO-Hauptmacht USA im Nahen Osten, Israel, seinen Aggressionskrieg gegen Libanesen und Palästinenser fort.

Die NATO wurde 1949 ins Leben gerufen, um nicht nur die Territorien ihrer Mitgliedsstaaten, sondern darüber hinaus auch die »Freiheit, das gemeinsame Erbe und die Zivilisation ihrer Völker« – kurz, eine »Lebensform« – in der ganzen Welt zu verteidigen. Welche Freiheit und wie diese verteidigt werden sollte, führen uns die aktuellen Kriege in der Dritten Welt und die geschichtlichen Fakten vor Augen. So haben die NATO-Gründerstaaten USA, Frankreich, Großbritannien, Holland und Portugal innerhalb von 30 Jahren nach dem Zweiten Weltkrieg mindestens 21 militärische Aggressionen größeren Ausmaßes gegen die Völker der Dritten Welt unternommen, davon entfallen allein 8 auf die Vereinigten Staaten:

Niederlande gegen Indonesien (1945 – 1949), Frankreich gegen Kambodscha (1945 – 1954), Frankreich gegen Vietnam (1949 – 1954), Frankreich gegen Laos (1945 – 1954), USA gegen Philippinen (1948 – 1951), Großbritannien gegen Malaysia (1948 – 1954), USA gegen Nordkorea (1950 – 1953), Großbritannien gegen Kenia (1952 – 1957), USA gegen Guatemala (1954), Frankreich gegen Algerien (1954 – 1962), Großbritannien gegen Zypern (1955 – 1959), USA gegen Vietnam (1955 – 1973), Großbritannien, Frankreich gegen Ägypten (1956), Portugal gegen Angola (1961 – 1974), USA gegen Kuba (1961), Portugal gegen Guinea-Bissau (1962 – 1974),

Großbritannien gegen Aden (1963), USA gegen Panama (1964), Portugal gegen Mocambique (1964 – 1974), USA gegen Laos (1964 – 1974), USA gegen Kambodscha (1970 – 1975). [1])

Überall in der Dritten Welt, wo frei gewählte Demokratien blutig beseitigt wurden, hatte die NATO-Supermacht USA die Hände im Spiel, während nahezu alle Militärdiktaturen dieser Region die ökonomische, politische, militärische und moralische Unterstützung der USA und ihrer NATO-Bündnispartner genießen. Haben die USA in Vietnam versucht, duch Völkermord und mit Duldung – ja offener Unterstützung – ihrer NATO-Partner die »Freiheit des Westens« und die »westliche Zivilisation« zu »verteidigen«, so sind sie heute mit aller Kraft dabei, die »Verteidigung der vitalen Interessen des Westens« in der ganzen Welt vorzubereiten.

So erklärte Präsident Carter im Januar 1980 die Ölregion des Nahen und Mittleren Ostens kurzerhand zum »amerikanischen Sicherheitsgebiet«. Kein Wort der Empörung der verantwortlichen Politiker und der Massenmedien der Bundesrepublik über diese imperialistische Anmaßung des US-Präsidenten – ganz im Gegenteil –, führende Politiker dieses Staates sprachen mit Carter, Brown, Brzinski und Weinberger von »unseren Ölquellen im Nahen Osten«, als wären sie gerufen, am persischen Golf das Erbe ihrer germanischen Urahnen anzutreten. Was aber würden diese Politiker sagen und wie würden die Massenmedien der Bundesrepublik darauf reagieren, wenn z.B. die Völker der Golfregion Rhein und Ruhr samt Industrieanlagen zu ihrem »Sicherheitsgebiet« erklärten und wenn 800 Millionen latent von Hungersnot bedrohte Menschen in Asien, Afrika und Lateinamerika die US-amerikanischen Kornfelder zu Gebieten ihres »vitalen Interesses« deklarierten?

Wir haben keine Zweifel daran, daß die Völker der Dritten Welt weder willens noch angesichts ihrer Abhängigkeit von Rohstoff- und Ölexporten in der Lage sind, durch – wie auch immer geartete – Boykottmaßnahmen unsere materielle und politische Sicherheit zu bedrohen oder uns gar von den Rohstoffquellen abzuschneiden. Mit ihrem Befreiungskampf wollen sie das erkämpfen, was ihnen der Kolonialismus und der Imperialismus jahrhundertelang vorenthalten hat, nämlich Souveränität über die eigenen Rohstoffe und Selbstbestimmung über die eigene Lebensform. Nicht mehr und nicht weniger. Wir haben keine Angst vor dem Selbstbestimmungswillen der Völker, die entschlossen sind, die mächtigen Rohstoff- und Industriekonzerne, Technokraten und Regierungen daran zu hindern, ihre natürlichen Reichtümer und ihre Arbeitskraft so auszubeuten, wie es den »vitalen Interessen« dieser Kräfte entspricht. Deshalb sind wir auch nicht bereit zuzusehen, wie diese Kräfte zur Verteidigung dieser ihrer »vitalen Interessen« sich anschicken, mit Hilfe des Pentagons, der Reagan-Regierung und der treuen NATO-Partner der Vereinigten Staaten der »Turbulenz der Befreiungsbewegungen in der Dritten Welt« ein Ende zu setzen und das Rad der Geschichte gewaltsam zurückzudrehen.

Deshalb werden wir uns, wird die internationale Friedensbewegung, werden Hunderttausende und Millionen von Menschen in der Welt sich gegen eine militärische Intervention in der Dritten Welt durch die »Schnellen Eingreiftruppen« zur Wehr setzen. Und wir werden auch gegen eine Strategie der NATO Widerstand leisten, die sowohl die atomare Bedrohung der Sowjetunion von westeuropäischem Boden als auch den Einsatz von Nuklearwaffen auf jedem möglichen Kriegsschauplatz der Erde, z.B. in der Ölregion des Persischen Golfs, einschließt. Wir klagen an dieser Stelle alle jenen reaktionären bis konservativen, aber auch sozialdemokratischen Wissenschaftler an, die in einer gemeinsamen Studie den Regierungen der NATO-Staaten eine solche Strategie offen empfohlen haben.[2]) Wir klagen auch die Regierungen jener NATO-Staten an, die dabei sind, die Empfehlungen der Studie Punkt für Punkt in die Tat umzusetzen. Wir klagen jene Politiker in Westeuropa und in der Bundesrepublik an, die durch ihre vertragliche Verpflichtung zur Übernahme von Aufgaben im Rahmen eines möglicherweise von den USA angezettelten Krieges gegen die Völker der Dritten Welt offenbar bereit sind, Europa mit allen Risiken in den Krieg mit hineinzuziehen.

Wir klagen die Doppelbödigkeit der europäischen NATO-Staaten an, die über Argentinien massive Wirtschaftssanktionen verhängen, den israelischen Aggressionskrieg im Libanon aber de facto tolerieren. Wir klagen hier die Regierung der USA an, die durch ihr Veto im Sicherheitsrat nunmehr diesen Aggressionskrieg offen unterstützt.

Die Schreckensvision vom »Westen ohne Öl« ist eine Lüge, und die Friedensbewegung wird dafür zu sorgen haben, daß immer weniger Menschen auf diese Lüge hereinfallen. Der deutsche Faschismus hat mit seiner Propagandalüge vom »Volk ohne Raum« viele Völker in den Zweiten Weltkrieg gestürzt. Wir dürfen und werden nicht zulassen, daß der amerikanische Imperialismus mit seiner Propagandalüge vom »Westen ohne Öl« diesmal die gesamte Menschheit in den Abgrund zerrt. Deshalb müssen wir unseren Widerstand gegen die Stationierung von Mittelstreckenraketen in der Bundesrepublik und Westeuropa nachhaltig verstärken. Mit diesen Raketen soll die Sowjetunion zur Zurückhaltung in der Dritten Welt genötigt werden. Es war kein anderer als US-Außenminister Haig, der vor kurzem der Sowjetunion für Aggressionen Strafen androhte und für Zurückhaltung Anreize anbot.

Wir haben ein Recht darauf, zu erfahren, welche Anreize die USA bei den Verhandlungen in Genf der Sowjetunion anbieten wollen. Die Völker in der Welt haben ebenfalls ein Anrecht darauf, zu erfahren, worüber in Genf verhandelt wird: nur über die Raketen oder auch über die Neuaufteilung der Welt zwischen den Blöcken? Deshalb fordern wir an dieser Stelle: Schluß mit der Geheimdiplomatie auf dem Rücken der Völker!

Unser Widerstand gegen die NATO-»Nach«- und Aufrüstung richtet sich zugleich gegen das Wettrüsten in beiden Blöcken, da sie das Wettrüsten auf eine neue Stufe hebt. Deshalb müssen die, die das Wettrüsten stoppen wollen, zu allererst die Stationierung von neuen Raketen in Westeuropa verhindern. Und wer eine wirkliche Abrüstung in Gang setzen will, der muß schon heute offensiv dafür eintreten, daß auch die alten Raketen sowohl im Westen als auch im Osten abgebaut werden. Wer ernsthaft die Trennung der Bundesrepublik von der NATO anstrebt, der muß im Interesse der Verwirklichung dieses Zieles und der Überwindung der Blockunterwerfung auch jene Kräfte z.B.

in der DDR und in Polen unterstützen, die ihre Abhängigkeit vom WAR-SCHAUER PAKT aufkündigen möchten. Nur über einen stufenweisen Abbau der Militärblöcke kann der Abschreckungs- und Gleichgewichtsdoktrin und dem Rüstungswahnsinn die Legitimation entzogen sowie den Rüstungsgiganten in West und Ost das Handwerk gelegt werden. Auf dem Weg dorthin muß die Internationale Friedensbewegung viele Hindernisse überwinden. Wir werden dafür kämpfen.

[1]) Prof. Horst Hermann, Frankfurter Rundschau vom 28.4.1978.
[2]) Karl Kaiser, Winston Lord, Thierry de Montbrial, David Matt, Die Sicherheit des Westens: Neue Dimensionen und Aufgaben. Ein Bericht der Direktoren von vier außenpolitischen Institutionen in New York, Bonn, Paris und London, veröffentlicht in Heft 16 der Reihe »Arbeitspapiere zur internationalen Politik«, Bonn 1981.

Gerhard Kade

Gegen die atomare Kriegsvorbereitung

Mit einer groß angelegten und außerordentlich geschickt entworfenen Kampagne der Irreführung ist Reagans Auftritt beim NATO-Gipfel vorbereitet worden. Fast über Nacht wurde da plötzlich die ganze offizielle Rhetorik geändert. Das Vokabular einer Politik der Stärke, mit dem monatelang das neue amerikanische Zeitalter verkündet wurde, alle kraftmeierischen Erklärungen über die Bereitschaft, Kriege zu führen, dort wo die eigenen Interessen auf dem Spiel stehen, mußte – sicher wohl nur vorübergehend – einer friedvolleren, sanfteren Redeweise weichen. Da wurde plötzlich Verhandlungsbereitschaft signalisiert, wo Abrüstungsgespräche kurz zuvor noch von allgemeinen Wohlverhaltensforderungen abhängig gemacht wurden; da wurde plötzlich mehr vom Frieden als von der Bereitschaft zur militärischen Konfliktlösung geredet und da wurde überraschenderweise die traditionsreiche Doktrin der gegenseitigen Abschreckung hochgelobt, wo noch vor nicht allzu langer Zeit militärische Überlegenheit gefordert wurde, wo leichtfertig vom begrenzten Nuklearkrieg geredet und selbst die Fähigkeit zu einem überraschenden, vernichtenden Erstschlag gefordert wurde.

Nicht für alle ist dieser überraschende Wechsel in der Rhetorik auf Anhieb durchsichtig. Handelt es sich also hier um einen Wandel in der strategischen Doktrin oder geht es nur um Beschwichtigungsformeln, die ihre genau kalkulierten innen- und außenpolitischen Funktionen zu erfüllen haben:
Innenpolitisch sind sie gerichtet gegen den
● wachsenden Druck der amerikanischen Friedensbewegung
● gegen einen wachsenden Protest gegen ökonomische und soziale Folgen der forcierten Hochrüstung
● gegen den parlamentarischen Widerstand gegen ein enormes Wachstum des Rüstungshaushalts
Die neuen Friedensschalmeien sollen aber auch ihre Wirkung haben, dort wo Kongreßwahlen vor der Tür stehen und sich eine wachsende parlamentarische Opposition einer Friedensbewegung anschließt.
Außenpolitisch sind größer werdende Risse im Bündnis zu kitten und vor allem ist für die Stationierung der Mittelstreckenraketen in Westeuropa breitere Zustimmung zu erzielen.

So bleibt also die Frage nach der US-Atomkriegsstrategie bestehen, die Frage, ob die USA ihre Auseinandersetzung mit der Sowjetunion und deren Verbündeten, die sie ja nie bereit war, nach den Spielregeln der friedlichen Koexistenz zu führen, heute bestrebt ist, mit den Mitteln der atomaren Drohung und Erpressung, aber im Zweifel auch mit einem vernichtenden Erstschlag zu führen.

111

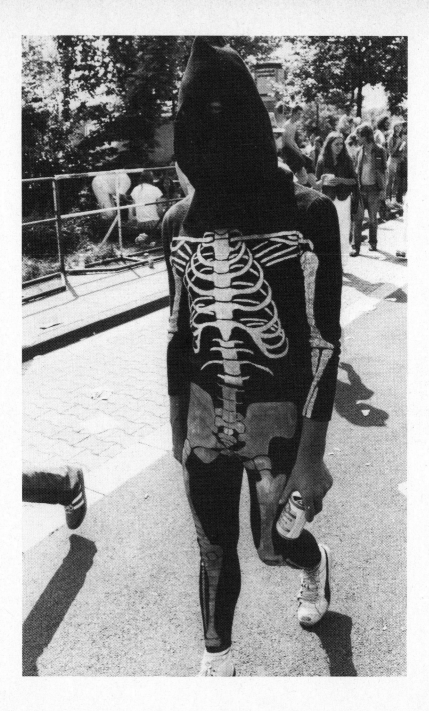

Was spricht für die atomare Kriegsvorbereitung?

1. Die Tradition der atomaren Drohpolitik

Die USA haben als erste und einzige Atomwaffen eingesetzt, das war militärisch sinnlos und war von Anfang an als Geste der Erpressung gegen die Sowjetunion gedacht. Die USA haben niemals das Verbrechen von Hiroshima und Nagasaki widerrufen, sondern häufig plump mit fadenscheinigen Argumenten nachträglich zu legitimieren versucht und – was entscheidend ist – immer wieder mit dem Einsatz der Atomwaffe gedroht. Die Liste der internationalen Krisensituationen, in denen der Einsatz von Atomwaffen nachweislich immer wieder erwogen wurde, ist beileibe nicht kurz und erstreckt sich von der Berliner Blockade 1948 bis zur Carter Doktrin über den Nahen Osten im Januar 1980, der PD 59 und den Bereitschaftserklärungen der Reagan-Administration. In den dreieinhalb Jahrzehnten instabilen Friedens in Europa ist in den USA die Bereitschaft, nukleare Waffen in einem internationalen Konflikt einzusetzen, niemals aufgegeben worden.

● Da war mehrfach die Gefahr des Einsatzes von Atomwaffen im Koreakrieg
● da war das Angebot von Dulles an die Franzosen, ihre Lage in Indochina nach der Niederlage von Dien Bien Bhu mit taktischen Nuklearwaffen der Amerikaner zu überwinden
● da war die Libanon-Krise des Jahres 1958 und im gleichen Jahr die atomare Drohung gegen China anläßlich der Auseinandersetzung um die Insel Quemoy
● da war die Berlin-Krise 1961
● die Kuba-Krise 1962
● der Vietnam-Krieg 1968 – 1972

2. Die Kontinuität einer für den atomaren Erstschlag geeigneten Nuklearstrategie

Bis auf eine kurze Unterbrechung hat es, unabhängig von der konkreten Beschreibung der Nuklearstrategie spätestens seit 1962, also seit 20 Jahren, eine Orientierung des Nuklearpotentials der USA auf die militärischen Einrichtungen des potentiellen Gegners, vor allem auf seine Atomsilos gegeben. Die sogenannte Counterforce-Strategie war eigentlich immer herrschende Doktrin. Das Konzept der gegenseitigen Abschreckung dagegen ist für die Amerikaner weitgehend ein bloßes Lippenbekenntnis gewesen. Die Option des vernichtenden Erstschlages bildete stets den Kern der Nuklearstrategie (Mc Namara).

3. Und das ist wohl der entscheidende Punkt, gibt es im Verlauf der siebziger Jahre eine waffentechnologische Entwicklung, die sich genau an der Doktrin des vernichtenden Erstschlages orientiert und diese überhaupt erst als eine realistische Option erscheinen läßt.

Hierzu gehört die Verbesserung der strategischen Potentiale, der landgestützten, vor allem aber auch der U-Boot gestützten strategischen Atomwaffen. Dazu muß man weiter zählen die Verbesserung der Anti-U-Boot-Waffen, die Weiterentwicklung der Anti-Raketen-Waffen und vor allem die Entwicklung neuer weitreichender Mittelstreckenraketen und Marschflugkörper.

4. Diese letztgenannten Waffensysteme haben dann auch dazu geführt, daß die Doktrin des vernichtenden Erstschlages um die Konzeption des begrenzten Atomkrieges ergänzt wurde.

Auf diese beiden Aspekte der Atomkriegsstrategie – vernichtender Erstschlag und begrenzter Atomkrieg – ist das ganze Paket von neuen Waffen, so wie es im letzten Jahrzehnt entwickelt wurde, maßgeschneidert. Diese Waffensysteme – und hier wieder ganz offensichtlich vor allem die in Europa zu stationierenden Mittelstreckenraketensysteme – zeichnet aus:

- sie sind außergewöhnlich treffsicher (militärische Objekte/Entscheidungszentren)
- extrem niedrige Vorwarnzeit oder Ausschaltung der gegnerischen Warnsysteme
- möglichst geringe Verwundbarkeit der eigenen Systeme (vor allem für strategische Waffen)

5. spricht für Atomkriegsvorbereitung die Gewöhnung der Bevölkerung an die Idee eines führbaren und gewinnbaren Atomkrieges, verbunden mit bedeutenden Ausgaben für den Zivilschutz – entgegen allen Warnungen von Wissenschaftlern und Ärzten. Victory is possible – Sieg ist möglich, und ein Atomkrieg würde von 10% der Weltbevölkerung den Tod fordern – so oder ähnlich hat man es in den letzten Monaten häufig vernommen.

Aber wenn nach allen vernünftigen Erwägungen jeder atomare Konflikt sich zu einer menschheitsvernichtenden globalen Katastrophe ausweiten muß. Wenn ein Zivilschutz – wie letztlich immer häufiger betont wurde – nicht möglich ist, warum sollte dann irgend jemand an die Vorbereitung eines Atomkrieges denken, dessen Opfer er genauso sein wird wie diejenigen, denen der atomare Konflikt aufgezwungen wird.

Die Idee, mit der man in Kriege zieht, derentwegen Kriege angezettelt werden, ist noch selten an Maßstäben der Vernunft gemessen worden, und an Sieg und eigene Überlebenschancen hat wohl noch jeder geglaubt, der in Kriege zog. Und auch die weltweite Überzeugung, daß es in einem Atomkrieg weder Sieger noch Besiegte geben kann, dürfte bei denen, die die Welt ausschließlich nach ihren eigenen Interessen einrichten möchten, kein Hinderungsgrund sein.

Jedenfalls hat der ehemalige Chefunterhändler von SALT, Warncke, über denjenigen, der heute die letzte Entscheidung über den Einsatz von Atomwaffen hat, gesagt, er identifiziere sich offenbar mit den Filmrollen, die er jahrelang gespielt hat und trete als Cowboy mit Atomraketen im Gürtel auf, nach dem Motto: Wer zuerst schießt, gewinnt.

Präsident Reagan hat seine Europareise selbst als Pilgerfahrt für den Frieden bezeichnet, gleichzeitig aber zu erkennen gegeben, wie stark er von einer Kreuzzugsmentalität beseelt ist. Die Idee von einem Kreuzzug gegen den Kommunismus stand am Anfang der atomaren Drohpolitik der USA, und für die heute in Amerika herrschenden Kräfte scheint sie wieder oder immer noch verbindlich zu sein. Wo eine solche Kreuzzugsmentalität einhergeht mit der Entwicklung und Stationierung von hochpräzisen Nuklearwaffen, droht die Gefahr eines atomaren Konfliktes.

Wir in Europa müssen alles tun, um den gefährlichsten Teil der gesamten Entwicklung zu verhindern, die Stationierung von Pershing II und Cruise Missiles hier und anderswo in Westeuropa.

Und zusammen mit unseren amerikanischen Freunden müssen wir erreichen, daß in den USA jene politischen Kräfte das Übergewicht gewinnen, für die der wichtige Satz aus den sowjetisch-amerikanischen Vereinbarungen von 1972 heute und in Zukunft Gültigkeit hat. Dort heißt es: »Im Zeitalter der atomaren Waffen gibt es keine Alternative zur friedlichen Koexistenz.«

Bernadette Ridard
Susanne v. Imhoff

»Frauen gegen Krieg und Militarismus«
»Frauen für den Frieden«

Vor kurzem konnten wir Vorschläge militärpolitischer Planer in der Zeitung lesen, wie die Personalstärke der Bundeswehr von einer halben Million auch nach 1986 aufrechtzuerhalten sei.

Es gibt Überlegungen, 16jährige Jugendliche einzuziehen, leichter Behinderte von der Wehrpflicht nicht mehr auszunehmen, Ausländer auch in die Dienstpflicht mit einzubeziehen, die Wehrpflicht von 15 auf 18 Monate zu verlängern. Außerdem soll der freiwillige Dienst für Frauen bei der Bundeswehr eingeführt werden. Schon bis 1986 rechnen die Planer mit 30 000 Frauen, die dienen sollen, um entstehende Lücken aufzufüllen.

Bereits jetzt »dürfen« Frauen als Ärztinnen oder Apothekerinnen Dienst bei der Bundeswehr tun. Bereits jetzt haben wir einen weiblichen General, der/die zuständig ist für den Bereich »Soziales«. Gegen die weitere Einbeziehung der Frauen in die Bundeswehr haben in den letzten 2 Jahren tausende von Frauen an Demonstrationen und Aktionen teilgenommen. Trotzdem ist zu befürchten, daß eine positive Entscheidung der Politiker in dieser Frage noch in diesem Jahr fällt. Verwunderlich ist das nicht. Denn die Bundesrepublik als zweitstärkster NATO-Partner ist eines der letzten NATO-Länder, das den Zugang von Frauen zur Bundeswehr noch nicht gesetzlich abgesegnet hat.

Nach Umfrageergebnissen sollen ca. 56% der Frauen in der BRD den freiwilligen Dienst von Frauen in der Bundeswehr befürworten. Dies wäre nur ein weiterer Schritt bei der Einbeziehung der Frauen in das militärische Gefüge dieser Gesellschaft, in das Frauen integriert sind. Sie stützen es – bewußt oder unbewußt – indem sie
– zu tausenden für den Rüstungssektor arbeiten.
– Sie sind am Zivilschutz oft ehrenamtlich beteiligt.
– Über 250 000 Schwesternhelferinnen haben sich mit ihrer Ausbildung bereits jetzt zum Einsatz im Kriegsfall verpflichtet.
– Viele Frauen arbeiten beim Sanitätspersonal und beim Technischen Hilfswerk, sind damit auch für den Einsatz im Kriegsfall verplant.
– Tausende von Frauen arbeiten beim Bundesgrenzschutz oder bei der Bundeswehr als zivile Angestellte.

Aber viele auch dieser Frauen lehnen die ihnen angediente Rolle bei der Kriegsvorbereitung ab. Sie machen dies deutlich z.B. durch aktive Verweigerung des § 12a Abs. 4 GG, wonach Frauen im Verteidigungsfall dienstverpflichtet werden können, durch Anti-Kriegs-Aktionen, wie die Aktionswoche

im März, durch den Friedensmarsch im vergangenen Jahr und die vielen Aktionen gegen die Atombewaffnung.

Es ist Bewußtsein geschaffen worden über politische und militärische Zusammenhänge, die uns als Frauen betreffen. Weltweit wurden Frauen in den vergangenen Jahren immer stärker in das militärische Gefüge einbezogen. In nahezu allen Armeen des westlichen Bündnisses sind wir eingeplant, für »dienstfähig erklärt«. Wir Frauen haben jahrelang gedacht, daß Militarismus uns nicht betrifft. Wir haben oft weiblich antrainierte Passivität und Unterwerfung mit angeblich weiblicher Friedfertigkeit verwechelt. Wir Frauen sind aber nicht von Natur aus friedfertig, genauso wenig wie unpolitisch. Dies zeigt die Beteiligung am Ersten und Zweiten Weltkrieg. Beide Kriege wären ohne Unterstützung der Frauen nicht denkbar gewesen. Der dritte, in Vorbereitung befindliche Krieg wird mit unserer Beteiligung geplant. Aber – für den Widerstand haben sich viele entschieden, damals wie heute. Wir alle haben die Wahl zu treffen.

Die Erkenntnis, daß wir in die zivile und militärische Verteidigung einbezogen sind, daß die Gefahr eines Atomkrieges sich erhöht hat, daß wir nicht bereit sind, Interessen zu verteidigen, die nicht die unseren sind, zwingt uns zum politischen Handeln und zu politischer Entscheidung.

Und wir haben als Frauen, die in dieser Männergesellschaft kaum Macht haben, in der unsere Interessen kaum vertreten sind, kein Interesse an einer angeblichen Verteidigung, die ausschließlich den Machtinteressen der NATO dient.

Durch dieses Bündnis wird die Bundesrepublik zum Land mit der größten Atomwaffendichte der Welt. Diese Waffen stammen aus den USA und dienen nicht der Verteidigung der BRD, sondern sie dienen der Verteidigung der US-Interessen, wie am Beispiel Startbahn-West sehr deutlich wird.

Die Freiheit des Westens wurde mit grauenvollen Mitteln in Vietnam verteidigt – von den USA. Nun soll sie in unserem Land und anderswo verteidigt werden, auch wenn wir hier das alle nicht überleben, denn im Falle eines Atomkrieges an den Grenzen zwischen den Blöcken (Ost und West) werden die europäischen Länder und besonders die Bundesrepublik und die DDR augelöscht sein. »Wir müssen sterben, daß die USA leben können!?« (Planspiel Hattenbach)

Die Bundesrepublik ist der wichtigste Bündnispartner in der NATO. 500 000 Soldaten und eine hochtechnisierte Rüstung garantieren den USA einen starken Rückhalt in Europa. Diese Funktion ist hiesigen Politikern wichtig. Daß gerade durch dieses Bündnis die BRD weiterhin ein besetztes Land ist, wird vernebelt.

Der Druck der Amerikaner auf die hiesigen Politiker und die Wirtschaft, die dauernden Eingriffsversuche z.B. im Osthandel zeigen, daß Amerika bereit ist, alles daranzusetzen, um seine Interessen in Europa durchzusetzen. Und diese Interessen sind nicht identisch mit den unseren. Und unsere Interessen hier auf dieser Demonstration sind nicht identisch mit denen der regierenden Politiker dort drüben auf der anderen Rheinseite. Im Rahmen der NATO wird es immer wahrscheinlicher, daß die Bundeswehr auch eines Ta-

ges wieder außerhalb der Grenzen unseres Landes zu Kriegszwecken eingesetzt wird – zur Verteidigung unserer Interessen, wie das so schön heißt, z.B.
am persischen Golf oder in Falkland, wenn es um Öl und Rohstoffe geht.

Die NATO, die uns verkauft wird als die größte Friedensorganisation, verteidigt unseren Frieden. Die daraus entstehenden Kriege finden in der Dritten
Welt statt. Die NATO stützt den US-Imperialismus mit seinem Anspruch auf
die Weltmachtführung. Die NATO sichert uns die Freiheit, die Dritte Welt
weiterhin schamlos auszubeuten. Faschistische Regime wie in El Salvador, in
der Türkei und anderswo werden durch Waffenlieferungen unterstützt. Befreiungsbewegung mit allen Mitteln bekämpft. Und dies geschieht mit der Unterstützung bundesdeutscher Regierungen und der NATO.

Diese Fakten sind der Hintergrund unseres politischen Engagements. Es
kann nicht einfach heißen: »Für den Frieden – gegen den Krieg«. Sondern es
muß heißen: »Gegen den Militarismus und die Machtinteressen der Unterdrückung, gegen Krieg und für Frieden«.

Gerade wir Frauen sind gezwungen, gegen Kriege und Militarismus hier
und heute anzukämpfen:
– einerseits in der Friedensbewegung gegen die Mittelstreckenraketen, gegen
die Atombewaffnung, gegen die weitere konventionelle Bewaffnung, die Aufrüstung und den Atomkrieg
– andererseits in der Frauenbewegung gegen die endgültige Einbeziehung von
Frauen in die Bundeswehr und in die zivile Verteidigung. Dies ist für uns deswegen so wichtig, weil eine endgültige Eingliederung der Frauen in den militärischen Apparat eine weitere Unterwerfung der Frauen in dieser Gesellschaft
bedeutet und weil dies Forderungen nach Emanzipation, die wir für uns und
die gesamte Gesellschaft stellen, diametral entgegensteht.

Für die Zukunft antimilitaristischer Arbeit gerade auch in der Frauenbewegung werden zwei Faktoren wichtig werden:

1. Die Rezession und die Arbeitslosigkeit. Denn die Bundeswehr lockt mit
Existenzsicherung, Berufschancen und Ausbildungsplätzen – und dies gilt für
Frauen und Männer. Es ist aber für Frauen besonders anziehend, da es gleichzeitig den Anschein hat, in höhere Machtpositionen zu kommen.
2. Die Vorschläge offizieller Kreise, konventionelle Bewaffnung zu verstärken, was eventuell zur Abschaffung der atomaren Rüstung führen könnte, wie
Herr Wörner verlauten läßt, bedeuten, daß die militärische Weiterentwicklung in vollem Gange ist, daß die Personalstärken der Armeen gehalten oder
erweitert werden und daß Frauen dann noch mehr in die Militärmaschinerie
mit einbezogen werden.

Wie eh und je werden Frauen als Reservearmee benutzt. Und da die politische Lage sich zuspitzt, heißt es wieder einmal »Frauen unter den Helm,
Frauen als Gebärmütter für Nachschub kriegstauglichen Menschenmaterials,
Frauen als Ersatzarbeiterinnen«. Vor gut 30 Jahren hatten wir das schon. Das
ist Kriegsvorbereitung!!!

Die Bevölkerung soll sich an die Idee gewöhnen: »Frauen ins Militär«.
Apel hofft das. Zuerst mal freiwillig und ohne Waffen – und wenn es soweit

120

ist, wenn das Vaterland es verlangt – verpflichtet, an der Waffe zu kämpfen für Interessen, die nicht die unseren sind. Es ist ein wichtiges Ziel, die Atombewaffnung zu beseitigen, aber das reicht nicht aus. Die Kriege auch konventioneller Bewaffnung und deren Ursachen müssen – der Militarismus muß bekämpft werden, der gerade jetzt tausende umbringt, im Libanon, in Falkland, in Südafrika, um nur einige Brennpunkte zu nennen.

Deswegen sagen wir mit unserer Anwesenheit hier heute NEIN zur expansiven NATO-Politik, NEIN zum US-Imperialismus, NEIN zur Politik der Bundesregierung sozialer Kürzungen, Erhöhung des Militäretats, Startbahn-West, NATO-Doppelbeschluß.

Wir rufen auf zur weiteren Verweigerung des § 12a GG und zu Unterschriftenaktionen gerade bei Schwesternhelferinnen und allen Pflegeberufen. Laßt euere Hilfsbereitschaft nicht ausbeuten von Kriegsinteressen. Verweigert Kooperation, verweigert Mitarbeit!!

Wir sagen NEIN zu »Frauen in der Bundeswehr!«.

Da die Gefahr einer gesetzlichen Entscheidung droht, müssen wir verstärkt handeln und rufen hier schon zu Aktionen und Demonstrationen im Herbst auf.

In Hamburg findet am 28. August ein Treffen aller interessierten Gruppen statt.

Christoph Strässer
Ein Friedensapostel

Liebe Kolleginnen, liebe Kollegen!
Wenn man den bürgerlichen Medien in unserem Land glauben darf, dann hat die Friedensbewegung bei uns und in der ganzen Welt ein neues Idol: Ronald Reagan heißt er, und er sitzt wenige Meter entfernt von hier mit den Spitzen unseres Landes zusammen. Einige wenige Reden dieses Spitzenaufrüsters genügen vollauf, um ihn bei uns zu präsentieren als das, was er nun wirklich nicht ist: Ein Friedensapostel.

Denn wenn man seine jüngsten Beiträge im Zusammenhang sieht mit der insgesamt von seiner Administration verfolgten Politik, insbesondere auch am Verhandlungstisch in Bonn, dann wird deutlich, daß es sich um nichts anderes als eine gigantische Verdummungskampagne handelt, die dazu dienen soll, die Reise des Präsidenten den europäischen Völkern überhaupt schmackhaft zu machen. Aber die Friedensbewegungen in der ganzen Welt haben dies erkannt und durchschaut.

Die neuen amerikanischen Vorschläge sind nichts als Demagogie, das, was die Amerikaner insbesondere in Genf als ihre »realistischen Abrüstungsvorschläge« proklamieren, ist nichts weiter als der Versuch, das gigantischste Aufrüstungsprogramm der Geschichte als erforderlich zur Sicherung des Friedens darzustellen. Was wirklich in der amerikanischen Führung gedacht wird, das belegen die jüngsten Äußerungen der Herren Haig und Weinberger, die die gesamte Erde schlicht und ergreifend zur Angelegenheit der NATO erklären. Dementsprechend wird auch immer wieder versucht, den Charakter der NATO – entgegen dem Sinn und Wortlaut der Verträge – zu verändern und diesem einstmals als reinem Verteidigungsbündnis konzipierten Zusammenschluß den Inhalt einer »Wertegemeinschaft« zu geben. Wir dagegen formulieren unsere Ziele anders. Wir wollen uns einsetzen für einen wirklichen Frieden, für einen Frieden ohne Waffen, in dem nicht die ständige Drohung mit fürchterlichen Massenvernichtungswaffen erst Kriege angeblich verhindern soll.

Die Alternativen der Friedensbewegung sind deutlich, sie sind dringender als je zuvor, und sie müssen mit immer größerem Nachdruck vertreten werden: Weg mit der Nachrüstung! Wir fordern mit der amerikanischen *freeze*-Bewegung ein Einfrieren in allen Bereichen der Nuklearrüstung auf der ganzen Welt als ersten Schritt. Wir fordern mit dem ehemaligen Botschafter der USA in Moskau, George Kennan, einen erheblichen einseitigen Abbau des Nuklearpotentials des Westens, der auch nach den Denkkategorien der Militärs unsere »Sicherheit« nicht gefährden würde.

Zur Zeit aber bemerken wir in ganz elementaren Entwicklungen der Politik das Gegenteil von dem, was die Friedensbewegung fordert. Der NATO-Rat, der im Mai getagt hat, debattiert unberührt von solchen immer stärker werdenden Forderungen über eine Ausdehnung des Wirkungsbereichs der NATO, insbesondere auch deutscher Truppen. Innenpolitisch wird – und dies unter der Ägide einer »sozialliberalen« Regierung – das Rad der Geschichte, innenpolitisch wie außenpolitisch, in die unseligen Zeiten Adenauer'scher Kalte-Kriegs-Mentalität zurückgedreht. Da wird faktisch Begriff und Inhalt der Entspannungspolitik aufgegeben, verschämt spricht man nur noch von »wirklicher« Entspannung. Gemeint ist damit, daß Entspannungspolitik nur noch dann praktiziert werden kann und darf, wenn der jeweilige Partner sich so verhält, wie man es selbst gerne hätte. Dies aber ist klar: Eine vom »Wohlverhalten« abhängig gemachte Entspannungspolitik ist eine Perversion eines politischen Inhalts, der vor zehn Jahren vielen Menschen Hoffnung und Perspektive gegeben hat. Aber damit nicht genug.

Über der Auseinandersetzung mit der Friedensbewegung feiert der profitable und emotionale Anti-Kommunismus fröhliche Urständ. So gibt es mittlerweile auch schon die »Friedensberufsverbote«, dürfen Menschen in unserem Land nicht in ihrem erlernten Beruf tätig sein, weil sie aktiv Unterschriften unter den »Krefelder Appell« gesammelt haben. Wir müssen uns mit diesen Opfern staatlicher Repression solidarisieren, es muß zu einer engen Zusammenarbeit zwischen der Friedensbewegung und der Bewegung gegen den Abbau demokratischer Rechte kommen. Das gleiche gilt auch für die Ökologiebewegung. Wir müssen die Scheinheiligkeit unserer Ver»BILD«ungsorgane bekämpfen, die – zu Recht – die Mauer an der Grenze der DDR beklagen, es auf der anderen Seite für richtig halten, wenn dieser unser demokratischer Staat an seiner eigenen Mauer im Frankfurter Wald mit Waffengewalt gegen diejenigen Mitbürger vorgeht, die einen weiteren Raubbau an unserer Umwelt zugunsten eines unsinnigen Flughafenprojekts bekämpfen. Denjenigen, die heute für uns und unsere Zukunft am Frankfurter Flughafen demonstrieren, denen versichern wir von hier aus unsere volle Solidarität.
Liebe Kolleginnen und Kollegen,
wir stehen erst am Anfang unseres Kampfes, aber wir sind schon viele, dennoch: Wir müssen noch mehr, noch stärker werden. Wir müssen über diese Überlebensfragen unsere ideologischen Differenzen hintan stellen und gemeinsam für den Frieden kämpfen. Wir müssen es den Regierungen zeigen, daß wir ihnen nicht mehr glauben, wenn sie nur unser »Bestes« wollen, dieses unser »Bestes« lassen wir uns von ihnen nicht mehr nehmen, wir nehmen unser Schicksal in die eigenen Hände.

Viele von uns haben vor nicht allzu langer Zeit auf der Straße gestanden und Wahlkampf gemacht für diese Regierung. Wir wollten nicht, daß Strauß Kanzler wird. Nunmehr aber müssen wir uns die Frage stellen, ob wir es weiter hinnehmen, daß diese Regierung Strauß und seine Politik zum Kanzler macht, ohne daß er die Wahl gewonnen hat.
Es gibt darauf nur eine Antwort: Machen wir die Friedensbewegung zur bestimmenden politischen Kraft in unserem Land. Der »Krefelder Appell« hat weit über 2 Millionen Unterschriften, machen wir ihn zu einer Volksabstimmung gegen die neuen amerikanischen Raketen! Stehn wir auf für den Frieden, sorgen wir dafür, daß der 10.10.81 und die heutige Manifestation nur kleine Auftaktveranstaltungen sind zu dem, was wir bewegen, wenn der Rüstungswahnsinn der Regierenden kein Ende nimmt!

Ursula Schwarzenberger

Was bleibt zu tun?

Nüchternheit und klare Aussagen zu unseren politischen Hauptzielen und unseren längerfristigen Perspektiven sind von uns in der Friedensbewegung gefordert.

Wir müssen mehr Menschen hinzugewinnen, aber mit Argumenten, die Ängste nicht verdrängen, sondern die immer klarer einsichtig machen, daß wir, um zu überleben, uns wehren müssen.

Ein Begriff ist zur Zeit in aller Munde: »Blocklogik«.

Könnte es in unserem beredten Verhandeln über ihn Fallen für uns geben, die unseren gemeinsamen Kampf schwächen?

Wir müssen ihn kritisch daraufhin abklopfen.

Erstens: Hängt alle Kriegsgefahr, alles Wettrüsten wirklich ausschließlich am Ost-West-Konflikt – an der Blockkonfrontation?

Wir haben es vielleicht lange selbst geglaubt, daß dieses Problem die ganze Weltentwicklung bestimme; haben damit zugelassen, daß dieses Dogma bis in die Dritte-Welt-Problematik hinein ständig als Erklärungsmuster herangezogen wird. Der Falklandkrieg sollte uns endgültig die Augen geöffnet haben. Kriege entstehen anders! Beißen wir uns auf eine einseitige Sicht fest, sind nur die herrschenden Politiker froh, die sie uns aufgedrückt haben. So sind wir selbst in der Einseitigkeit gefesselt. Solche vereinfachenden Denkschemata haben in konkreten Fällen noch nie Kräfte freigesetzt, jene Kräfte, die notwendig sind, um Kriege wirklich zu verhindern und um den Regierenden wirklich in den Arm zu fallen.

Zweitens: Rufen politische Entwicklungen auf der einen Seite wirklich ganz bestimmte Reaktionen auf der anderen Seite zwangsläufig hervor? Immer neue Schübe, durch Eigendynamik der Blöcke – angetrieben vom »Exterminismus«, vom Drang zur Auslöschung –, das sind gespenstische Worte für eine fatalistische These, die mir so gefährlich erscheint für die Lebendigkeit und Handlungsfähigkeit unserer Bewegung.

Hier werden die Herren, die an den Schalthebeln der Macht sitzen, aus ihrer Verantwortung entlassen. Helmut Schmidt hat aber den NATO-Gipfel hierher (nach Bonn) geholt, Reagan, Haig und Weinberger haben den möglichen Erstschlag von deutschem Boden gegen Rußland ins Auge gefaßt. Wir müssen sie beim Namen nennen, Gefahren dort sehen, wo sie existieren, sonst können wir keine Strategien entwerfen, nicht kämpfen. Und warum wehren sich nicht die vielen Millionen Menschen, die leben wollen wie wir? Solcher Fatalismus lähmt noch mehr, macht leblos schon vor der Bombe.

Drittens: Aus solcher Blocklogik scheint dann wie von selbst die Gleichartigkeit beider Blöcke zu folgen. Staaten und ihre Politiker sind immer an Machterhalt – leider mit allen Mitteln – interessiert. Auch die Sowjetunion ist

also keine Friedensmacht, das weiß die Friedensbewegung nicht nur wegen Afghanistan. Aufrüstung und Militarisierung haben von jeher auch der sogenannten »Sicherheit nach Innen« gegolten. Und das gilt leider in immer stärkerem Maße auch für unseren »freiheitlichen Westen«.

Aber es ist gefährlich, nicht mehr die Unterschiede zu analysieren. Einfach unterstellte Gleichartigkeit beider Seiten lenkt uns davon ab, nicht nur das reale Kräfteverhältnis zu prüfen, sondern vor allem auch militärische und politische Strategien zu durchleuchten, um so benennen zu können, wer wen unter Druck setzt. – Wenn wir darauf verzichten, uns darin sachkundig zu machen, dann lassen wir uns einlullen, bis auch uns plötzlich eine »Nullösung« ganz plausibel erscheint.

Viertens: Ist es möglich, die Blöcke so zu überspringen, daß man gleichsam über ihnen steht, um dann blockübergreifende Politik zu machen?

Diese Vorstellung gibt es in zwei Varianten:

Die Teilung Deutschlands erscheint vielen Menschen als Ursache der Blockkonfrontation. Sie ist aber eine Folge des Hitlerkrieges und seiner Beendigung durch die Siegermächte. Unsere gemeinsame perverse und unfreiwillige Situation besteht darin, daß beide Teile Deutschlands Bollwerk und unter Umständen Speerspitze für ihre jeweilige Supermacht darstellen.

Uns verbindet aber auch eine gemeinsame Schuld. Gerade auf unserer Seite hat die Adenauer-Regierung die Aufarbeitung bewußt verhindert.

Aber wer nun denkt, daß bei all diesen Gemeinsamkeiten die neue nationale Frage die Lösung sei, der irrt sich: Der sitzt einer Ideologie auf, die uns vergessen machen will, wie unterschiedlich die Entwicklung hier und in der DDR nach 1945 gelaufen ist.

Die Friedlosigkeit in der heutigen BRD und in der heutigen DDR wird durch ganz unterschiedliche Faktoren bestimmt.

Deshalb kann der Kampf dagegen nur konkret in jedem Lager stattfinden, in der konkreten Analyse der eigenen Friedlosigkeit und Unfreiheit. Die nationale Frage – mindestens zu diesem Zeitpunkt – vernebelt uns. Sie ist ein Rückzug aus unserer eigenen politischen Realität hinter bereits gewonnene Perspektiven zurück.

Die zweite Variante fordert die Auflösung der Blöcke, zumindest zunächst die Abkoppelung von ihnen auf beiden Seiten. Wir forderten dies für unsere Bindung an die NATO. Das darin bestehende Befehls- und Sklavenverhältnis wollen wir nicht mehr! Können wir diese Abkoppelung stellvertretend auch für die andere Seite fordern? Ein solches Ineinander-Denken ist in der Aufforderung von der »wechselseitigen Abrüstung« enthalten. Das ist jedoch eine meines Ermessens unzulässige Verkürzung unserer alten Forderungen nach einseitiger Abrüstung. Wir bewegen uns dadurch in gefährlicher Nähe zu NATO- und Regierungsvorschlägen: »Wenn die da drüben nicht, dann wir eben auch nicht!«

Müssen wir diesen Weg gehen, um die zu erreichen, denen eine solche »blockübergreifende« Politik ihre Sicherheit zu garantieren scheint? Oder ist dies nicht nur eine Wiederholung von »Sicherheit durch Gleichgewicht« auf einer anderen Ebene?

Welche Alternativen haben wir?

Aber welche Alternativen haben wir für die Zukunft – Alternativen, die wirklich offensiv sind. ABC-waffenfreies Europa, ist das eine Handlungsperspektive? Ja, eindeutig eine Forderung in die richtige Richtung. Bei der Klärung nach dem Weg dorthin stieß ich auf ein absurdes Phänomen: der letzte Parteitag der Hamburger SPD sprach sich für ein atomwaffenfreies Europa aus, wendete sich aber nicht gegen die NATO-Nachrüstung. Was ist hier los? Hier muß jeder normale Mensch stutzig werden. Langfristiges Ziel ja, kurzfristiges konkretes Ziel nein. Hier wird die Bruchlinie deutlich, die nicht mehr die Linie der Blöcke ist. Und diese Linie gibt es überall in der Welt. Es geht um den Führungsanspruch der Herrschenden, in diesem Falle der USA. Wer ihn akzeptiert, muß die Unterstützung der Nachrüstung akzeptieren, dann kann er in Verhandlungen für weitreichendere Ziele einwilligen. Im Endeffekt werden sie nie etwas bringen, solange die USA an ihrem Interesse – BRD als Abschußrampe – festhält.

Jetzt sehen wir die Verhandlungsvorschläge von Reagan, die sich geradezu überschlagen. Wie soll die Friedensbewegung da noch einen Standpunkt finden, zwischen der USA, der eigenen Regierung und der oft noch geschürten, diffusen Angst in der Bevölkerung vor der Bedrohung aus dem Osten. Inmitten dieses Verwirrspiels, das die Herrschenden und in ihrem Schlepptau die staatstragenden Parteien mit uns treiben, brauchen wir klare Prüfsteine.

Die alten Geschichten, die von Männern wie Micha und Jeremia berichten, zeigen für mich solche klaren Leitlinien auf. Sie zeigen die Bedingungen, die erfüllt werden müssen, wenn Schwerter zu Pflugscharen umgeschmiedet werden sollen.

1. Dann werden Schwerter zu Pflugscharen umgeschmiedet werden, wenn die Regierenden eindeutig in ihrem Todesgeschäft entlarvt werden. Die Friedenssache wird uns niemals von den Regierenden geschenkt werden. Friedensbewegung wird immer staatsunabhängig sein, nicht unbedingt antistaatlich. Überall, wo Menschen das erkennen, lösen sie sich aus der tödlichen Abschreckungs- und Blocklogik der Regierenden und beginnen in echter Selbstbestimmung unabhängig von etablierten Parteien und kritisch auch gegen ihre eigenen Organisationen die Friedensarbeit selbst in die Hand zu nehmen.

2. Dann nur werden Schwerter zu Pflugscharen umgeschmiedet werden, wenn wir nicht nur auf unser »bißchen Frieden« hoffen, ohne auf die Verdammten dieser Erde zu schauen, auf deren Kosten wir in erschreckendster Weise schon viel zu lange leben. Wenn wir den Status quo nur für uns erhalten wollen, kann das auch nur uns ins Verderben führen.

3. Dann nur werden Schwerter zu Pflugscharen umgeschmiedet werden, wenn Menschen nicht mehr zulassen, daß Menschen zu Sklaven gemacht werden. Soziale Gerechtigkeit und selbstbestimmte Arbeit, das ist wohl der wichtigste Maßstab, den wir an sogenannte Friedfertige legen müssen, und gleichzeitig Grundsatz für unseren Frieden.

Wer Abrüstung vorgibt, aber weiterhin, vom Wissenschaftler bis zum Arbeiter, alle als »Schweigende Mehrheit«, an der Bombe basteln läßt – auch die ökologische Zeitbombe ist gemeint –, damit es Arbeitsplätze gibt; wer Frieden sagt und als Herrschender nur noch Wirtschaftssanktionen, ökonomische Daumenschrauben für ganze Völker verteilt, der entlarvt sich selbst. Friedenskampf muß auch Kampf gegen Sozialabbau und für wirkliche Mitbestimmung bis hin zum selbstverwalteten Betrieb sein. Nützliche Dinge statt Rüstung – Arbeitsgruppen bei Blohm und Voss zum Beispiel beweisen, daß das auch in Deutschland möglich ist.

4. Es werden nur Schwerter zu Pflugscharen werden, wenn wir mit den Millionen Menschen zusammen nicht mehr nur nach Sicherheit rufen, sondern gerade diese Forderung aufs kritischste prüfen. Hier muß jeder selbst an sich und an alle Menschen, die er erreichen kann, die Entscheidungsfrage stellen: Tod oder Leben? Das Leben wählen, heißt, sich für eine völig neue menschliche Qualität zu entscheiden, Sicherheit und Freiheit nicht von den Versprechungen der Regierenden zu erwarten. Grausig ist die Lüge vom Atomschirm, unter dessen Schutz es doch noch besser ist zu leben. Die Todes-Sicherung ablehnen! Der IKV in Holland spricht ganz klar in einfachster Sprache das so aus: Wir wissen, daß es sein könnte, daß ein Aggressor, der unser Land besetzt, uns das, was wir besonders schätzen – unsere demokratische Freiheit – nehmen könnte.

Aber auch das rechtfertigt für uns niemals die Bereitstellung von Atomwaffen, denn wir wissen, daß ihr Einsatz alles zerstören würde, was uns lieb ist, und das der Menschen auf der anderen Seite. Das ist für mich wirklicher Ausbruch aus der Blocklogik. Die Friedensbewegung muß blockunabhängig arbeiten, blockübergreifend muß die menschliche Sicht sein.

V. Forum –
Internationale
Friedensbewegung

Luciana Castillina (Sprecherin des Komitees 24. Oktober)

Jeder hat seinen Drachen

Ich habe das traurige Vorrecht, aus einem Land zu kommen, das das erste europäische Land ist, in dem die Vorbereitungsarbeiten für die neuen Raketen schon begonnen haben. Der Stationierungsort ist, ihr kennt schon seinen Namen, Comiso. Auch einige deutsche Friedensfreundinnen und -freunde waren dort auf der Demonstration am 4. April, und sie haben auf der großen Kundgebung, die in diesem kleinen Ort in Südsizilien organisiert war, gesehen, wieviele in Italien gegen die Militärbase kämpfen. Und eine viel größere Kundgebung gab es letzten Samstag in Rom, um Reagan zu sagen, wir wollen die amerikanischen Raketen nicht, weil wir glauben, sie werden uns nicht verteidigen, sondern sie werden uns im Gegenteil zum Schießstand machen. Sie werden uns unsere politische Autonomie wegnehmen, und sie werden uns in einen größeren Krieg mit hineinziehen. Man hat Comiso für die Stationierung der Cruise Missiles gewählt, weil es sehr nahe zum Nahen Osten ist und die Militärbase deshalb ein wunderbares Sprungbrett für die »schnelle Eingreiftruppe« sein kann. Sie reden nicht nur darüber, sondern treffen schon Vorbereitungen für eine mögliche Intervention im Nahen Osten, um die sogenannten Interessen des Westens zu verteidigen. Der schreckliche Krieg, der in diesen Stunden im Libanon gekämpft wird, so dicht bei Italien, gibt euch den Beweis für die Gefährlichkeit einer solchen Militärbasis in Sizilien. Dies ist die Besonderheit unserer Situation, die spezielle Bedeutung unseres Kampfes. Wenn wir nicht stark genug sein werden, ist ganz Europa durch die NATO in einen sehr wahrscheinlichen Krieg verwickelt. Deshalb ist unser Problem auch euer Problem, deshalb ist Comiso vielleicht unsere erste Front. Deshalb brauchen wir eure Hilfe (z.B. am Bauplatz für die Cruise Missiles in Comiso für ein internationales Friedenscamp, das Anfang Juni beginnen soll).

Wir brauchen eine größere Einheit der europäischen Friedensbewegung. Wir haben im letzten Jahr große Schritte gemacht, eine solche Einheit auszubauen. Aber es reicht noch nicht. Deshalb glauben wir, daß es wichtig ist, uns

Anfang Juli in Brüssel zu treffen, um die europäische Konvention für ein atomwaffenfreies Europa zu machen. Was wir am Sonntag in Rom zu Reagan gesagt haben und was wir heute zusammen in Bonn wieder sagen, ist: Wir sind gegen beide Großmächte. Wir glauben, daß beide eine sehr gefährliche Rolle in der Welt spielen. Gefährlich für uns und für die Völker der Dritten Welt, mit denen sie spielen, wie mit Steinen in einem Schachspiel. Abrüstung in Europa, das ist die einzige Möglichkeit, die wir haben, um aus diesem Spiel auszusteigen. Sie ist der Weg zu einem blockfreien Europa. Und es ist die beste Solidarität, die wir den Völkern der Dritten Welt geben können, damit sie sich von der Erpressung durch die zwei Großmächte befreien können. Und es ist gleichfalls die beste Solidarität für alle Völker, die heute um Selbstbestimmung kämpfen, in Ost und West. Denn auch ihr Kampf wird schwer gemacht durch die Existenz der zwei Blöcke und ihre Blocklogik. In Italien haben uns einige gefragt, warum wir gegen Reagan schreien und nicht gegen Beschnew. Wir schreien, und zwar laut, gegen beide. Aber wie ein großer Deutscher, ein Antimilitarist aus der DDR, Robert Havemann, der vor einigen Monaten gestorben ist, gesagt hat: »Jeder hat seinen Drachen«. Unser Drachen in Westeuropa heißt Reagan. Deshalb sind wir heute hier, um ihm entgegenzutreten.

Jürgen Fuchs (Schriftsteller – früher DDR)

Friedensbewegung Ost und West

Liebe Freunde, gestattet mir eine kurze Vorbemerkung: Es gab Diskussionen, wer heute hier sprechen soll. Pfarrer Eppelmann aus Ostberlin wurde eingeladen. Das Schreiben hat ihn sehr spät erreicht. Er machte sich auch Sorgen um seine Rückreise, wollte nicht vor verschlossener Grenze stehen nach einem offenen Wort zu Militarismus und Frieden ohne Waffen. Ich weiß nicht, ob seine Bedenken berechtigt waren. Er hätte auf jeden Fall gern hier gesprochen. Ganz ohne Zweifel wären auch viele DDR-Bürger nach Bonn gekommen, um gemeinsam mit Euch für ein atomwaffenfreies Europa und eine Welt ohne nukleare Zerstörungsdrohung zu demonstrieren. Aber ihr kennt ja die real existierenden Verhältnisse und die Beschaffenheit des militärischen Sperrgebietes, das sich »Staatsgrenze« nennt. Vielleicht finden bald von unten organisierte Friedensdemonstrationen, wie diese, in Leipzig und Dresden statt. Dann beantragt rechtzeitig die Einreise und seid dabei. Ich bedaure auch, daß Persönlichkeiten wie Christa Wolf, Stefan Heym und Stefan Hermlin hier nicht ebenfalls sprechen. Ich habe diese Einladung angenommen, weil ich mich als sozialkritischer Schriftsteller, der wegen »pazifistischer Texte« im Gefängnis saß und eine Staatsbürgerschaft verlor, zugehörig fühle zur internationalen Friedensbewegung.

Mit 18 Jahren wurde ich eingezogen zur Armee. Der Einberufungsbefehl kam per Einschreiben ins Haus. Der Gedanke an eine Verweigerung war da, ich hatte Borchert und Böll gelesen, kannte die Lieder von Brecht und Wolf Biermann. Aber es reichte nicht zu einem klaren Nein. Zu viele Rücksichten, zu viele Ängste. Man wollte studieren und nicht als Staatsfeind gelten, der etwas gegen den »Ehrendienst für Frieden und Sozialismus bei der Nationalen Volksarmee« hat. Das sind ja alles gute Worte, nicht wahr? Freiheit kommt bei euch hinzu, Demokratie. Diese großen Worte. Die 1 1/2 Jahre als Soldat in einem stehenden Heer, auf der untersten Stufe der Hierarchie, im Schlamm, auf Schießständen und Kasernenhöfen, haben mir die Augen geöffnet. Das Geschrei der Unteroffiziere, all das Jawoll und Zu-Befehl, gellt mir jetzt noch in den Ohren. Ich halte das für eine große Gefahr: Jahr für Jahr kommen Hunderttausende in diese Mühle. Aus jungen Leuten werden Untertanen gemacht, die parieren. Auch die Atomwaffen, gegen die wir hier demonstrieren, sind Menschenwerk. Zur Herstellung und Anwendung ist Personal erforderlich, das funktioniert.

Liebe Freunde, wir sind uns einig in der Forderung: Keine weiteren Atomraketen sollen stationiert werden in diesem Land. Es ist genug, wir haben dieses lebensfeindliche Überlegenheitsstreben satt. Ich weiß, daß auf der anderen Seite ähnliches gefordert wird. Nicht ganz so öffentlich, einige Risiken kommen hinzu, aber diese Stimmen sind unüberhörbar. Und sie meinen die eigenen Waffenwälder. In diesem Zusammenhang fällt mir das Wort »Großmacht« ein. Ein trauriges Wort. Es klingt nach Aufspielen, nach Gangstermoral. Schwächere werden da nicht viel zu lachen haben. Entweder sie machen, was der Boss sagt, oder sie werden fertiggemacht.

Nun ist in diesen Tagen ein Boss zu Besuch, Gäste soll man schonen, aber ich kann es nicht ändern: Ich habe kein Vertrauen zu Menschen wie Ronald Reagan. Ich möchte ihn nicht verhöhnen und zum wiederholten Male von seiner Schauspielerkarriere anfangen. Ich will diesen negativen Personenkult nicht mitmachen. Das ist ein eitler, äußerlicher Mensch, der sich an Kameras orientiert und immerzu Rollen spielt, das stimmt schon. Aber die anderen sind nicht anders. Viel wichtiger, viel beweiskräftiger ist das, was eine Gruppe von Leuten, die ihn als Sprecher und Figur benutzt, im eigenen Land mit den Armen und Schwachen macht. Wie da materielle Lebensgrundlagen und minimale soziale Sicherheiten demontiert werden. Wenn ich das sehe, weiß ich, was uns blüht, auch »global-strategisch«. Ich erlebe im Westberliner Arbeiterviertel Moabit, wie sich steigende Mietpreise und Arbeitslosigkeit auswirken. Ängste, Aggressionen und Verzweiflungstaten nehmen zu, besonders unter Kindern, Jugendlichen und alten Menschen. Die Herrschenden sind offenbar überfordert, die uns bedrängenden Probleme zu lösen. Die leben in privilegierten Gruppen, sind viel beschäftigt mit dem Erhalt ihrer Macht. Sie müssen Rivalen abwehren und auf ihren Gesundheitszustand achten. Sie müssen täglich eine selbstsichere Pose produzieren und so tun, als hätten sie alles »im Griff«. Ein entfremdeter Job, der in keinem Verhältnis steht zur Verantwortung, die auf ihnen liegt. Wir dürfen nicht viel von ihnen erwarten, wir müssen selber handeln. Der einzige Ausweg, Kriege, Katastrophen und Unrecht abzuwehren, besteht darin, solidarische Gemeinschaften, gleichberechtigtes Miteinander zustande zu bringen, Bürgerinitiativen. Die Oberen in Ost und West sind offenbar unfähig, Schritte in diese Richtung zu wagen. Sie »starten durch« und verordnen Gewaltkuren. Sie gehen von sich aus und sorgen sich nicht allzusehr um andere. Wer so handelt, plant Opfer und »Verluste an Menschen und Material« ein, wie es dann zynisch heißt. Dieser Weg führt ins Verderben. Vom Hunger, vom Sterben in anderen Ländern und von der Bereitschaft, das hinzunehmen, kann ich jetzt nicht sprechen, auch wenn es zu den alarmierendsten und widerwärtigsten Realitäten unserer Zeit gehört.

Ich kann das alles nicht trennen vom Nein zur atomaren Aufrüstung, vom Kampf gegen Krieg und Gewalt. Und man muß es sich vorstellen: Neue Raketen sollen aufgestellt werden zur abermaligen Vernichtung der Völker. Milliarden werden ausgegeben. Das ist notwendig, verkünden Politiker mit ernsten Gesichtern. Und die Nachrichtensprecher geben kurz vor der Wetterkarte die »Kürzung von Sozialausgaben« bekannt. Was das aber bedeutet, wird

nicht in der »Tagesschau« gezeigt. Das erleben wir vor Ort, wenn Menschen verzweifeln, wenn sie nicht mehr ein noch aus wissen und zur Flasche und zur Spritze greifen. Ich weiß, wovon ich spreche, ich kann Namen nennen.

Am Tag der Alliierten Parade in Westberlin, Mitte Mai, kam unsere Tochter Lili, sie ist in der 1. Klasse, weinend aus der Schule gerannt. Sie fürchtete sich vor »bösen Demonstranten und Steinewerfern«. Der Direktor hatte aus »Sicherheitsgründen« alle Klassen nach Hause geschickt und ein paar Worte verloren über »nicht angemeldete Demonstrationen«. Und einer stand vorn an der Kreuzung, ein ganz junger mit flattrigen Hosen und dünnem Hemd, hielt ein Plakat hoch: »Schwerter zu Pflugscharen«. Die Panzer rollten vorbei Richtung Parade, die Polizeiwagen waren schnell zur Stelle, eine Stimme schrie durch ein Megaphon: »Weitergehen, weg da von der Straße, sonst werden Sie festgenommen. Wir geben Ihnen eine Minute.« Die Freunde in Jena und Plauen dürfen keine Abzeichnen mehr tragen, auf denen diese drei Worte stehen, die er hochhielt. Das kommt im Radio, SFB, RIAS: »DDR-Regierung verbietet christliches Friedenssymbol« ... Und hier an der Straße: »Weitergehen, weg da.«

Ich muß das nicht kommentieren. In Polen bevölkert zur selben Zeit überwiegend das Militär die Straßen und bewacht Lager, in denen Arbeiter, Bauern, Studenten und Intellektuelle sitzen, die für eine vom höchsten Gericht des Landes genehmigte Gewerkschaft eintraten. Sie trägt den Namen »Solidarität«. Über 10 Millionen sind Mitglied. Das ist zur Zeit die stärkste Friedenskraft im Warschauer Pakt, denke ich. In der Türkei soll dem Sozialdemokraten Ecevit der Prozeß gemacht werden. Ihm wird »Verunglimpfung« des Staates vorgeworfen. Die Militärs haben die Macht und wollen Gewerkschaftsführer zum Tode verurteilen.

In der DDR diskutieren in letzter Zeit viele über die Frage: Was führt zum Frieden, was nicht? Was ist das, Frieden? Es wird über Sinn und Unsinn von Militärparaden, Kriegsspielzeug und Wehrkundeunterricht nachgedacht. Ein sozialer Friedensdienst anstelle des Grundwehrdienstes wird gefordert. Und gleichzeitig gibt es Tendenzen einer gespenstischen Militarisierung des öffentlichen Lebens. Übungen finden statt, Schulkinder werden auf den Atomkrieg vorbereitet, ohne daß ihnen die tödliche Wahrheit gesagt wird. Im Gegenteil, es ist vom Sieg der eigenen Armee die Rede. Frauen sollen zukünftig zwangsverpflichtet werden können. So entsteht Angst und Niedergeschlagenheit, der alles egal ist. Aber auch, und damit hat die Abteilung Propaganda wahrscheinlich nicht gerechnet: »Ich habe nichts mehr zu verlieren. Ein Krieg steht bevor. Warum soll ich die politische Polizei fürchten?« Solche Menschen sind dann auch bereit, etwas zu tun. Und die christlichen Friedensfreunde Ekkehard Hübner und Klaus Tessmann sitzen seit August letzten Jahres in Haft. Der Drucker Roland Braukner wurde verhaftet, weil er Plakate herstellte mit der Aufschrift: »Frieden schaffen ohne Waffen«. Dem Jenaer Bildhauer Matthias Blumhagen wurde eine Plastik weggenommen; er soll jetzt aus Gründen der Bewußtseinsbildung am 15. Juni zur Armee. Wenn er sich weigert, was er vorhat, befindet er sich noch am selben Tag hinter Gittern. Der Bürgermeister von Berlin-Weißensee sprach Anfang Mai vor geladenen Pfarrern über die

»ideologische Unterwanderung der Jugend«. Er sagte: »Wer das Emblem 'Schwerter zu Pflugscharen' trägt, schwenkt morgen die BRD-Fahne und übermorgen das Hakenkreuz«. Daraufhin verließen alle Zuhörer den Saal. Und weil wir hier auf einer solch großen und wichtigen Demonstration zusammengekommen sind, die zu Recht die eigene Aufrüstung attackiert und nicht bloß mit langen, selbstgerechten Fingern auf die Nachbarn zeigt, kann ich es mir erlauben, noch ein Beispiel anzuführen: In der DDR gibt es in letzter Zeit nicht nur spontane Friedensdemonstrationen wie in der Dresdner Kreuzkirche, sondern auch genehmigte, staatlich angeordnete. Am 27. Mai fanden in vielen Städten Kundgebungen statt. Auf den Plakaten konnte man lesen: »Gegen NATO-Waffen, Frieden schaffen« und »Ehrendienst in der Nationalen Volksarmee ist Friedensdienst«. Die eigenen Waffenarsenale wurden lobend erwähnt. Das erinnert mich an die selbstgerechte Haltung von Parteien in diesem Lande, die sich christlich nennen. Sechs junge Leute, die in Ostberlin ein Plakat entrollen wollten zur Demonstration am 27. Mai, wurden festgenommen. Sicherheitskräfte zerrissen das Spruchband, auf dem stand: »Du sollst nicht töten«.

Liebe Freunde, ich will keine »Fälle« präsentieren, sondern an diese Menschen erinnern, weil sie Hilfe brauchen und weil sie einstehen für unsere gemeinsame Sache. Es ist nicht zu erwarten, und ich sage das ohne Ironie, daß die Bewacher von Alliierten Paraden und staatlich inszenierten »Friedensveranstaltungen« widerspruchslos akzeptieren, daß vor ihren Augen ketzerische Bibelsprüche entrollt werden. Denn es ist ja wahr: Das bisherige Leben dieser Menschen, ihre Grundsätze von Macht und Gehorsam werden in Frage gestellt, wenn sie diese Aussagen auf sich beziehen. Und das tun sie offenbar, was auch hoffen läßt.

Liebe Freunde, laßt mich zum Schluß sagen, daß die Sache des Friedens die ganze Wahrheit und unsere ungeteilte Solidarität braucht. Verständigen wir uns von unten her, über die ideologischen und militärischen Schützengräben hinweg! Die Rekruten, das Fußvolk, das Kanonenfutter, die Opfer müssen miteinander sprechen und sich verständigen! Warten wir nicht auf Gipfeltreffen und »vertrauensbildende Maßnahmen«. Und es ist sehr wichtig, daß ihr, daß die westdeutsche, die westeuropäische, die internationale Friedensbewegung das unterstützt, was sich in der DDR und anderswo regt, denn dort kämpfen Menschen wie ihr gegen die Raketen, die auf Euch gerichtet sind. Aber die Friedensbewegung, das sind eben die Unruhigen, die Aufsässigen aller Länder, die sich nicht mit dem abfinden, was ist.

Shuntaro Hida (Japan)

Wir wissen, was ein Atomkrieg ist

Ich gehöre zu den Überlebenden aus Hiroshima. Ich freue mich, daß ich Euch im Namen der noch lebenden Atombombenopfer grüßen darf.

Zur gleichen Zeit sind 1300 Delegierte aus ganz Japan in New York und beteiligen sich an den Aktionen zur UNO-Sondertagung für Abrüstung, um die Weltöffentlichkeit zur Verhinderung eines Atomkrieges und zur Abschaffung aller Atomwaffen zu mobilisieren.

Die japanischen Delegierten, zu denen viele Atombombenopfer gehören, wollen dem UNO-Generalsekretär eine Petion mit folgenden 4 Punkten überreichen, die durch 30 Millionen Japaner unterzeichnet worden ist.

1. Die Information über die Schäden und Folgeschäden der Atombomben von Hiroshima und Nagasaki in allen Teilen der Welt zu verbreiten.
2. Ein internationales Abkommen zum Verbot des Gebrauches der Kernwaffen zu verwirklichen.
3. Kernwaffenfreie Zonen in verschiedenen Teilen der Welt zu schaffen.
4. Ein internationales Abkommen zum totalen Verbot der Atomwaffen und für Abrüstung zustande zu bringen.

Um die Stimmen der Atombombenopfer und des japanischen Volkes mit der Stimme des deutschen Volkes, die hier heute in dieser Versammlung zum Ausdruck kommt, zu vereinigen, bin ich aus New York von unserer Delegation aus zu Euch gekommen.

Vor 37 Jahren haben die USA Atombomben auf Hiroshima und Nagasaki abwerfen lassen. Obwohl diese ersten Atombomben im Vergleich mit den heutigen nur winzige Dinge waren, waren ihre Wirkungen doch so groß, daß die beiden Städte in Sekunden total vernichtet wurden . . .

Die überlebenden Hibakusha von Hiroshima und Nagasaki haben den ersten Atomkrieg erlebt. Wir wissen, welche Schrecken ein Atomkrieg bringen kann. Angenommen, Atomwaffen würden hier in Europa eingesetzt, so würde dies zur Ausrottung aller führen. Bisher gab es bei einem Krieg Sieger und Besiegte. Nach einem Atomkrieg bleibt keiner mehr, nicht nur die am Krieg beteiligten Völker, sondern auch die Nichtbeteiligten werden nicht verschont bleiben. Durch die radioaktiven Strahlungen werden sie auch zu Hibakushas gemacht.

Liebe Freunde im Friedenskampf: einen Atomkrieg darf man nicht beginnen lassen, in keinem Fall, in keiner Art und Weise, unter keinen Umständen!

Immer wenn Ihr dafür kämpft, aus eurem Lande und von Eurem Kontinent die Atomwaffen zu vertreiben, dann stehen wir japanischen Hibakusha an Eurer Seite. Wenn Ihr verlangt, daß keine Pershing II-Raketen und Cruise Missiles in Europa stationiert werden und alle anderen Atomsprengköpfe abgezogen werden, dann sind wir immer mit in Euren Reihen. Wir Hibakusha und Friedenskämpfer des japanischen Volkes werden gemeinsam die amerikanischen Atomraketen und Militärstützpunkte aus unseren Ländern wegräumen. In der gemeinsamen Arbeit für Frieden sind wir brüderlich verbunden; wir werden siegen!

VI. Stimmen

Karin Struck

Für das Überleben verloren

Zum Tod des Demonstranten Dietrich Stumpf
Ist es nicht anmaßend, angesichts der vieltausend Sterbenden und Toten auf den Kriegsschauplätzen der Mächtigen einen Nachruf auf einen einzelnen zu schreiben, der sich willentlich selbst zerstört hat?

Dietrich Stumpf, ein in Wedel bei Hamburg lebender Student der Ingenieurswissenschaften, 35 Jahre alt, über den Zweiten Bildungsweg zum Studium gekommen, verbrennt sich zwischen Hunderttausenden von Friedensdemonstranten und stößt sich ein Messer in die Kehle, dies geschah am Fronleichnamstag 1982 auf den Bonner Rheinwiesen.

Die Rettung dauert unendlich lange; angeblich kann der Hubschrauber nicht landen wegen der Luftballons am Himmel und um die Demonstranten nicht zu gefährden. Das Gerücht wird verbreitet, es sei jemand in der Hitze »umgefallen«.

Zwei Tage später trifft der Abschiedsbrief von Dietrich Stumpf bei der »Kieler Rundschau« ein, versehen mit dem Werbestempel »Bonn – Lebensfreude in Rhein-Kultur«; Dietrich hat ihn wohl an diese Zeitung geschickt, weil er dort einen Bekannten in der Redaktion hat und annehmen kann, daß sein Brief nicht im Papierkorb landen wird.

Sein Brief ist kurz und bündig; nur zwei, drei Sätze sind wie Aufschreie: »Und ich halte es nicht mehr aus.« Dann nennt er den »Rüstungswahnsinn, der direkt auf den nächsten Weltkrieg zusteuert«, die »Atomtechnologie, die auf einen Schlag Europa auslöschen kann«, die »weltweite Vergiftung und Zerstörung der Lebensmöglichkeiten« als Motive, aus dem Leben zu gehen. Und die Sprache des Briefes ist nicht so, daß man berechtigt wäre, die Argumente nur als vorgeschoben zu betrachten.

Es gibt keinen Grund, Dietrich Stumpf in seinen Motiven nicht ernst zu nehmen. Im Gegenteil, wir müssen mit Entschiedenheit den bis an die Zähne mit Tabletten bewaffneten Psychiatern entgegentreten, die da sagen: Er war ein Depressiver, der seine persönlichen Schwierigkeiten hochstilisieren wollte.

Selbstverbrennung als Mittel des Protestes ist nicht neu; sie war immer am Schnittpunkt zwischen privat und politisch angesiedelt. Sie als Tat eines einzelnen Depressiven abzutun, hieße ungeschichtlich sein, die Augen vor gewissen Realitäten verschließen, hieße auch: die Eltern Dietrichs, die zurückbleiben, in ihrem Schmerz alleinzulassen.

Schweigen darüber ist keine Garantie dafür, daß andere, die für dieses Mittel, das Kopf und Emotion verknüpft, anfällig sind, von einer Nachahmung abgehalten werden.

Dietrichs Bekannte in Wedel sind genauso betroffen wie seine Eltern; sie waren es auch, die glaubten, den Vorgang in Bonn vertuschen zu müssen, weil sie Dietrich, solange er lebte, nicht die Zukunft verbauen wollten. Sein Name ging dann doch in reißerischen Meldungen durch die Medien. Auseinandergesetzt aber hat sich noch niemand ernsthaft mit dem Geschehnis.

Dietrich Stumpf ist am 2. Juli, gut drei Wochen nach seiner Verbrennung, auf einer Intensivstation des Universitätskrankenhauses in Bonn an seinen schweren Verletzungen gestorben. Am Freitag letzter Woche ist er in seinem Heimatort im engsten Familien- und Bekanntenkreis beigesetzt worden.

Und der Zeitpunkt ist gekommen, das Schweigen, auch das der Bekannten und Mitkämpfer, der Grünen, zu brechen; öffentlich zu sagen, daß Dietrichs Selbstverbrennung die »falsche Aktionsform« ist, zugleich aber Dietrich ernst zu nehmen und nicht als jemand darzustellen, der das Programm der Grünen, das »Lebensfreude« heißt, nicht kapiert hat.

Wo wird in unserem Staat denn vermittelt, daß Selbstzerstörung die »falsche Aktionsform« ist, um sich für das Leben, für den Frieden einzusetzen? Wird nicht jeden Tag vielfältig argumentiert, daß Zerstörungswaffen Leben retten werden? Dieser Logik ist Dietrich buchstäblich körperlich gefolgt, auch wenn er seine Handlung anders verstanden wissen wollte.

Mit dem Tod kann man das Leben nicht retten – hat ein Staat ihn das gelehrt, der doch gerade wieder die Sozialausgaben gekürzt, die »Verteidigungsausgaben« aber erhöht hat?

Die Zuspitzung des innenpolitischen Klimas hat schon andere Opfer aus der Friedensbewegung, aus der Bewegung gegen eben dieses Klima gefordert. Wenige Tage vor Dietrich hat sich in Hamburg eine junge Türkin aus Protest gegen die Diskriminierung ihrer Landsleute verbrannt. Wenige Monate davor ist eine engagierte Kämpferin gegen den Frauenwehrdienst, Initiatorin von »Frauen in die Bundeswehr? Wir sagen Nein!«, aus dem Leben geschieden. Weshalb? Weil diese drei sensiblen, denkenden Menschen »depressiv« waren, »Familienschwierigkeiten« hatten? So einfach machen es sich in der Tat zu viele. So wollen sie ihren Schrecken, ihre Irritation bannen.

Indem sie so Dietrich nicht ernst nehmen, bestätigen sie ungewollt die Motive, die ihn zu seinem Schritt gezwungen zu haben scheinen. Und nichts bleibt dann übrig als eine Sensationsmeldung in der Art der »Hamburger Morgenpost«: »Lebende Fackel in Bonn.«

Aber ein Mensch ist keine brennende Fackel; dieser Mensch hat ein lebendes Fleisch gehabt, das mörderisch geschmerzt hat, als es brannte. Und dieser Schmerz, gelindert durch Medikamente, dauerte drei Wochen, wurde verlängert durch die erstaunlich gute Konstitution von Dietrich. Der psychische Schmerz war vielleicht noch größer; Dietrich war stumm gemacht worden, und jetzt ist er es für immer.

Davon wird nicht gesprochen, und auch davon nicht, daß die Medien, ja auch die Politiker, jene »Aktionsform«, die Dietrich angewandt hat, heroisiert haben, als sie etwa Jan Palachs Selbstverbrennung als grandiosen Protest gegen den Sowjet-Einmarsch in der CSSR darstellten. Kaum jemand sprach darüber, daß der Tod von Jan Palach keinerlei Einfluß auf das Kräfteverhältnis in der CSSR hatte. Über diese Zusammenhänge zu schweigen ist keine Alternative.

Nachahmungen können wir nur dann verhindern, wenn wir das Tabu aufheben, über diesen »falschen Weg« zu sprechen; wenn wir nicht vertuschen, was geschehen ist; wenn wir Dietrichs Motive respektieren, aber vielmehr noch der ungeheuren Trauer Ausdruck geben darüber, daß wieder ein »grundehrlicher Mensch, ein hübscher Kerl wie ein Baum«, daß ein wichtiger, starker, sensibler Mensch der Bewegung für das Überleben verlorengegangen ist. Was können wir tun, daß dies nicht immer wieder passiert?

Eine Lehre wage ich schon zu ziehen: Um Menschen, wie Dietrich es gewesen ist, Leben zu ermöglichen, muß die Friedensbewegung neben dem Beschreiben vielen Friedenspapiers, neben Initiativen und Aufrufen, Aktionen und Demonstrationen, viel mehr jene Formen und Mentalitäten zulassen und integrieren, die ich als »Greenpeace-Wagnis-Mentalität« bezeichnen möchte. Die Chance, sich in dieser Richtung einzusetzen, hat Dietrich Stumpf offenbar gefehlt.

Peter Degen

Aufgestanden für den Frieden: Auch Kieler Friedenstauben flatterten nach Bonn

Kiel. Man sieht es den jungen Leuten an, die da im Morgengrauen des 10. Juni schweigend und mit langen Schritten dem Parkplatz am Bahnhofskai zustreben, einzeln und in Gruppen, mit Beuteln, Rucksäcken, Tragetaschen und Bastkörben: Der Wecker hat sie aus tiefstem Schlaf gerissen.

Wer an dieser größten Friedensdemonstration in der Geschichte der Bundesrepublik teilnimmt, mußte das Motto »Aufstehn! Für den Frieden« wortwörtlich nehmen.

Dabei sind die Kieler Teilnehmer anscheinend noch recht gut davongekommen. Als sie fröstelnd und in Gruppen schließlich auf dem Busparkplatz stehen, sind die Lübecker Friedensfreunde, obwohl etliche Kilometer näher am Ziel, schon längst auf der langen Reise. Die sind, in weiserer Voraussicht, bereits kurz nach Mitternacht gestartet.

Viel Zeit zum Begrüßen bleibt nicht. Die ersten der elf Busse sind schon voll besetzt und nehmen sofort Kurs Richtung Autobahn.

Die Achtstundenfahrt beginnt. Die meisten versuchen, den fehlenden Schlaf, so gut es auf den engen Sitzen geht, nachzuholen. Nur einige Unentwegte mühen sich, die Müdigkeit mit Kartenspielen oder Lesen zu vertreiben.

Kurz hinter Bremen verschwinden die letzten Strickjacken in den Gepäcknetzen. Die Sonne zeigt jetzt, welche ungenutzten Energiereserven in ihr stecken. Die Frischluftdüsen, voll aufgedreht, bringen nur wenig Kühlung.

Endlich am Ziel. Oder doch nicht? Wir stehen auf der Friedrich-Ebert-Brücke, hoch über dem Rhein. Nichts geht mehr. Der Stau ist perfekt. Hinter uns schälen sich die Betonklötze der Bonner Ministerien, wo jetzt irgendwo die NATO-Strategen tagen, aus dem Dunst, der über dem Rheintal liegt. Neben uns eine endlose Fahrradkolonne, die als einzige noch vorwärts kommt. Wir winken, die Radler winken fröhlich zurück. Die haben gut lachen.

Die Hitze im stehenden Bus wird unerträglich. Was tun? Wir beschließen, unser stickiges Gefängnis vorzeitig zu verlassen und zu Fuß die »Rheinauen«, wo die Abschlußkundgebung stattfinden soll, zu erreichen. Doch unser Fahrer ist strikt dagegen. Er habe schließlich seine Vorschriften.

Endlich ist er überredet und öffnet die Tür. Wir schärfen uns ein, immer dicht zusammenzubleiben, damit keiner verlorengeht.

Mit Stadtplan und guter Laune kommen wir anfangs auch gut voran. Doch bald hängen wir wieder fest. Mit Mühe gelingt es, uns in eine der vielen

Marschkolonnen einzufädeln. Aber es geht wenigstens wieder voran, wenn auch langsam.

Uns hier zeigt sich Bonns Polizei von ihrer Schokoladenseite. Die Wasserwerfer sind irgendwo dezent versteckt. Die eingesetzten Polizeischüler lächeln, wenn der Ruf ertönt: »Hitzefrei – für die Polizei!« Sie wischen sich den Schweiß von der Stirn, regeln den Verkehr, nehmen Blümchen entgegen und stecken sie ins Koppel, wo sie rasch verwelken. Rheinische Fröhlichkeit? Oder nur neue Polizeistrategie? Sie lassen sich sogar fotografieren, ohne das Recht am eigenen Konterfei zu reklamieren. Mein Gott, wie lange ist das schon her!

An Transparenten und Fahnen sieht man, wer hier alles auf den Beinen ist. Da sind die roten Fahnen der DGB-Jugend und der Falken, die dunkelblauen der Friedensinitiativen, die himmelblauen der Kriegsdienstgegner, die grünen der Alternativen, die dunkelgrünen der Türken, die hellgrünen einer Gruppe Japaner, die Regenbogenfarben der Rainbow Warriors, die weißen der evangelischen Kirchengemeinden. Und dazwischen hunderte von hellblauen Luftballons mit der weißen Friedenstaube.

Man versteht kaum sein eigenes Wort. Eine Musikgruppe intoniert »Unter dem Pflaster liegt der Strand«. Weiter hinten singt man »We shall overcome«, während vor uns eine Gruppe Kurden unter der dunkelgrünen Fahne des Propheten kurdische Volkslieder anstimmt. Hier ist man international.

Eine Gruppe griechischer Gastarbeiter aus Böblingen schleppt zwei rabenschwarze Raketen mit der Aufschrift »Pershing II« und »Cruise Missile« auf den Schultern. Zum Glück sind die Dinger aus Pappe.

Inzwischen ist es 15 Uhr geworden, die »Rheinauen« noch längst nicht in Sicht. Schaffen wir es überhaupt noch bis dahin? Einer von uns schaltet sein Transistorradio ein. »Hier ist der Südfunk Stuttgart, wir senden Nachrichten. – An der Friedensdemonstration, die in Bonn gegen den dort tagenden NATO-Gipfel stattfindet, beteiligen sich nach letzter Auskunft der Polizei zur Stunde circa 160 000 Teilnehmer ...« Einige jubeln: »Immerhin, schon 100 000 mehr als bei der CDU-Demo vom Sonnabend!«

Trockener Kommentar eines älteren Bonner Polizeibeamten, der uns in eine Seitenstraße lenken soll: »Die spinnen wohl! Auf die Rheinauen passen 350 000 Teilnehmer, das haben wir genau ausgerechnet. Und vor einer Stunde war der Platz schon brechend voll. Da paßt keiner mehr rauf. Das haben die uns vorhin schon über Funk durchgegeben. Und dann noch diese Massen hier! Die können wohl nicht rechnen!«

Schritt für Schritt schieben wir uns weiter über den heißen Asphalt. Ich habe längst mein durchgeschwitztes T-Shirt ausgezogen und mir über den Kopf gehängt. Andere knebeln sich Taschentücher mit vier Teufelshörnchen um die Pracht ihrer Haare, wieder andere haben sich aus Zeitungen Papierhelme gefaltet, um die Freiheit der Gedanken gegen die Impertinenz der Sonne zu schützen. Wo sind denn bloß die Kameras von ZDF-Rechtsaußen Löwenthal? Da wäre doch endlich der schlagende Beweis für seine epochale Erkenntnis, »Moskaus Partisanen sind unter uns«.

Nur den Kurden scheint die Hitze nichts auszumachen. Die behalten sogar ihre Jacketts an. Offenbar sind sie noch ganz andere Temperaturen aus ihrer Heimat gewöhnt.

Sympathisierende Transparente an den Häuserwänden sind selten. Dafür überall rheinische Herzlichkeit. Ein rundlicher Mann in Badehose steht auf seiner Mülltonne in der Limpericher Straße mit einem Gartenschlauch in der Hand und lädt zum Bad auf der Tenne ein. »Jungs, kütt her, dat jibt et nit alle Taare!«

Jeder drängt sich, um wenigstens ein paar Tropfen zu ergattern. Seine Frau, mit Schlauch daneben, füllt die leeren Cola- und Bierdosen. Im Mietshaus gegenüber hat man keine Schläuche, aber wenigstens Gießkannen für die Balkongeranien. Die werden zur Brause umfunktioniert. Wer vom Schlauch nichts abbekommen hat, stürzt über den hauseigenen Rasen und läßt sich genüßlich von oben naßregnen. Da ist garantiert kein Tränengas drin.

Endlich, die Rheinauen sind erreicht. Der Polizeibeamte hat nicht zu viel versprochen. Der Platz ist überfüllt. Dicht an dicht liegen sie dort, sitzen, hokken, stehen, fächeln sich frische Luft zu. Ganz in der Ferne, am anderen Ende des Platzes, ist eine improvisierte Rednertribüne zu erkennen. Dort wird gerade gesprochen, aber der Lautsprecher ist viel zu schwach. Man versteht kein Wort.

Dafür dringen südlichere Laute in unser Ohr. Der Platz ist offenbar fest in schwäbischer Hand. Eis, Cola, Bier werden den fliegenden Händlern, die kräftig ihre Chance nutzen, aus der Hand gerissen. In immer kürzeren Abständen versuchen sich Rettungswagen des DRK mit Blaulicht und Martinshorn einen Weg durch die Menge zu bahnen, um in der brütenden Hitze Kollabierte zu versorgen.

Unsere Busgemeinschaft kommt zur Erkenntnis, wir passen beim besten Willen nicht mehr auf den Platz. Und so bleiben wir schweren Herzens dort, wo wir gerade stehen. Irgendwo hinten, am Rande, in den Büschen. Da können wir wenigstens den Platz sehen. Die Tausende hinter uns können nicht einmal das.

Soll das alles gewesen sein? Ich kann mich nicht damit abfinden und versuche auf eigene Faust den langen Marsch durch die Leiber nach vorn. Lächelnd, mich ständig entschuldigend, steige ich vorsichtig über Liegende, winde mich um Stehende, nutze jede zufällige Lücke. Man ist mir nicht einmal böse. Überhaupt, wo bleiben hier eigentlich die Aggressionen, die sich doch sonst bei Hitze, dranghafter Enge und unterschiedlichen Ansichten und Temperamenten automatisch einstellen?

Zweihundert Meter vor der Tribüne ist dann endgültig Schluß. Weiter komme ich beim besten Willen nicht mehr. Hier stehen die Leiber so dicht beieinander wie die Quadern einer Inkamauer in Peru. In weiser Voraussicht habe ich mein Fernglas dabei, um wenigstens erkennen zu können, wer dort gerade spricht. Verstehen kann ich auch jetzt nicht alles. Entweder ist der Lautsprecher defekt oder zu schwach. Die Rufe »Lauter! Lauter!« zeigen keine Resonanz.

Gerade spricht eine graue Pantherin. So viel kriege ich immerhin mit: sie ist mit ihren Mitpanthern auf einem gecharterten Rheinschiff gerade noch rechtzeitig aus Düsseldorf angekommen. Und dann nimmt sie noch einmal all ihre Kraft zusammen und schreit ins Mikrofon: »Wir werden ins Gefängnis ziehen, wenn es nicht endlich auf der Erde zum Frieden kommt. Darum: Graue Panther immer dabei!« Begeisterter Beifall.

Mein Auge bleibt an einem riesigen Luftballon hängen, der wie ein Globus blaues Meer und gelbe Kontinente zeigt. Etwa ein Geschenk der 3-Punkte-Partei F.D.P., die am Rande des Platzes mit einem Lautsprecherstand um Sympathie buhlt? Wollen die damit etwa sagen, daß Genscher . . .?

Der Globus hüpft durch die Menge, wird wieder und wieder in die Luft gestoßen und löst überall, wo er auftrifft, Begeisterung aus. Volksfeststimmung. »Den hat der Josef Beuys gestiftet, der Mann mit dem Hut«, sagt jemand in meiner Nähe. Gut möglich, denn auf dem Erdball erkennt man nun deutlich den Schriftzug »Die Grünen«. Also wieder nichts mit der F.D.P. (Punkt.)

Jetzt spricht Jo Leinen, Sprecher der BBU. Er hat die Tücken des Mikrofons erkannt und strapaziert seine Stimmbänder so stark, daß sich seine Stimme wiederholt überschlägt. Dies sei, so sagt er, die größte Friedensdemonstration in der Geschichte der Bundesrepublik. 350 – 400 000 Menschen seien hier und heute versammelt, um friedlich gegen den Rüstungswahnsinn der Supermächte zu demonstrieren. Und das seien noch längst nicht alle. Gleichzeitig demonstrierten Zehntausende in Berlin, und zehntausende Arbeitnehmer aus Norddeutschland hätten gar nicht kommen können, da für sie – anders als in den katholischen Bundesländern – heute ein ganz normaler Arbeitstag sei. »Bleiben wir zusammen, denn nur gemeinsam werden wir es schaffen, dem Rüstungswahnsinn ein Ende zu machen. Und wenn man uns in Bonn nicht hören will, dann werden wir dieses Land unregierbar machen, so wie es bereits in Hamburg gemacht wurde.«

Begeisterter Beifall. Einige rufen im Stakkato: »Hopp – hopp – hopp – Atomraketen stopp!«

Als Leinen dann den Propagandarummel von Ronald Camel – er verbessert sich: Reagan – aufs Korn nimmt und die Medien davor warnt, diese größte Friedensdemonstration in der Geschichte der Bundesrepublik totzuschweigen, donnert, just im rechten Augenblick, ein Polizeihubschrauber in geringer Höhe über den Platz und verschlingt im Motorengeknatter seine weiteren Worte. Die Menge vermutet dahinter Absicht und macht sich mit wütendem Pfeifen und Buh-Rufen Luft.

Jo Leinen ist da wohl einiges andere gewöhnt. Ihn bringt die unüberhörbare Drohung von oben nicht aus der Ruhe. »Die Friedensbewegung fordert von Reagan, endlich einen Kreuzzug für Frieden und Abrüstung zu beginnen statt einen Kreuzzug gegen andere Menschen.«

Und dann spießt er sich die kleineren Kriegstreiber aufs Stilett. Denn hier auf dem Platz demonstriere man auch gegen den Überfall Israels auf den Libanon, den Wahnsinnskrieg einer Margaret Thatcher und die Praktiken der NATO-verbündeten türkischen Foltergenerale.

Als der Beifall schließlich verebbt ist, tritt Ex-General Gert Bastian vors Mikrofon. Braungebrannt, mit gelbem Friedensbutton auf dem grobkarierten Sporthemd, wehrt er den Beifall ab, der ihm spontan entgegenschlägt. Man spürt, das Reden vor großen Massen liegt ihm nicht. Und dann noch die Tükken eines defekten Mikrofons. Wenn die Menge ihr »Lauter! Lauter!« ruft, rafft er zwar seine letzten Stimmreserven zusammen und wirft sie an die Front. Aber lange hält er diesen Kraftakt nicht durch. So bleibt vieles unverständlich, ich bekomme nur Fragmente mit. Da greift er beispielsweise bissig die traurige Geistesverfassung jenes CSU-Spektakels an, das da am 5. Juni unter dem Motto »Frieden und Freibier« in München über die Bühne gegangen sei. Mehrheiten seien nicht unbedingt Beweis für bessere Einsicht, wenn es um Krieg oder Frieden gehe. Das habe man 1914 und 1933 bitter erfahren müssen. Diese Einsicht sei besser aufgehoben bei der kritischen Minderheit. Er warnt vor den falschen Propheten, »heißen sie nun Strauß, Dregger oder Genscher.«

Und dann nimmt er sich den Vorsitzenden der deutschen Bischofskonferenz, den Kölner Kardinal Höffner, vor, der die Friedensbewegung als moskauhörig zu diffamieren versuche. »Da kann ich nur sagen: sie irren, Herr General!« Und als er an Beifall und Gelächter merkt, daß er den kirchlichen Würdenträger versehentlich zum Militärstrategen gemacht hat, verbessert er, peinlich berührt, sofort: »Herr Kardinal!«

Ich schaue auf die Uhr. Um 19 Uhr fährt unser Bus, meine Mitfahrer habe ich verloren. Aussichtslos, sie in diesem Gedränge wiederzufinden. Ich muß so schnell wie möglich hier raus, sonst kann ich mich auf eine lange Nacht in Bonn gefaßt machen.

Aber wo steht unser Bus? Ich winde mich wie ein Aal vom Platz und finde mich in einer dichtgedrängten Prozession wieder, die auf der Straße daneben sich in Richtung Busse bewegt. Ich habe genau noch eine Stunde Zeit. Busse aus Norddeutschland sollen auf der A 59 stehen, das habe ich irgendwann aus dem Lautsprecher erfahren. Und richtig, da stehen auch brav und ordentlich und ziemlich weit vorn die Lübecker Busse. Aber dahinter kommt das Chaos. Da stehen plötzlich Busse aus Süddeutschland, die eindeutig hier nichts zu suchen haben. Bin ich im Gewirr der verschiedenen Auf- und Abfahrten inzwischen auf der falschen Parkspur gelandet?

Die Kennzeichen der Busse, in Dreierreihen, manchmal auch quer zur Fahrbahn wie Kraut und Rüben geparkt, sind durch davorstehende Menschen verdeckt, die Seitenflächen ebenfalls. Bin ich etwa an den Kieler Bussen schon vorbei? Langsam gerate ich in Panik. Irgend jemand schreit: »Oberursel, hier sammeln!« Ein Türke balanciert auf der Leitplanke und versucht, seine Landsleute mit einem Megaphon zusammenzutrommeln. Andere hängen rührend Zettelchen mit Richtungspfeilen für die Busse nach Bochum in die Sträucher neben der Fahrbahn. Es ist zum Verzweifeln.

Endlich erwische ich einen Ordner mit weißer Armbinde. Wo die Kieler Busse stehen, weiß er natürlich auch nicht. Aber die Ursache des Chaos kann er mir erklären. Es seien weit mehr Busse gekommen, als ursprünglich gemeldet. Und die seien dann in die falsche Parkspur geraten. Insgesamt seien es 5000 Busse geworden, womit niemand gerechnet habe.

Ich schiebe mich im Gedränge weiter. Vor einer Stunde sollte mein Bus abfahren. Ist er vielleicht gar nicht mehr da? Irgendwo fragt jemand nach Kiel. Habe ich mich verhört? Sucht er vielleicht Kehl? Nein, tatsächlich, er sucht Kiel. Vor Freude gerate ich fast aus dem Häuschen. Und er kann mir sogar noch weiter helfen. Ein paar Meter vor uns seien zwei weitere Kameraden aus Kiel.

Jetzt sind wir immerhin vier, und nun machen wir es wie die Türken. Wir stellen uns an den Fahrbahnrand und brüllen im Chor: »Kieler Sprotten, hierher!«

Das wirkt. Innerhalb von zehn Minuten haben wir etwa fünfzig Kieler Sprotten aus der vorbeidefilierenden Menge gefischt. Das hebt die Stimmung, denn hundert Augen sehen wesentlich mehr als zwei.

Endlich, meine Uhr zeigt 21.15 Uhr, haben wir unsere Busse erreicht. Eine Iranerin aus unserem Trupp ist so glücklich, daß sie mit südländischem Temperament auf ihren Bus zustürzt, ihn liebevoll streichelt und küßt, als sei es die ferne Heimaterde. Niemand von uns lacht. Wir können sie gut verstehen.

Eine dreiviertel Stunde später geschieht ein weiteres Wunder. Unsere Busmannschaft ist tatsächlich komplett. Keiner fehlt. Wir können starten.

Während wir uns im Bus todmüde einen Platz zum Schlafen suchen, hat unser Fahrer sein eigenes Erlebnis noch immer nicht verdaut. Kopfschüttelnd kaut er an irgendeinem sichtlich knochenharten Problem. Ob ihn die Demo beschäftige, frage ich ihn. Nein, wehrt er ab, zu der könne er sich nicht äußern. Die Demonstranten? Nein, nein, die waren in Ordnung. »Aber die Busse! Dreiundzwanzig Dienstjahre habe ich jetzt auf dem Buckel. Aber so viel Busse auf einem Haufen, das habe ich noch nie gesehen. Junge, Junge, Junge! Das werde ich mein Leben nicht vergessen.« Und beschwörend fügt er nach kurzer Pause hinzu: »Nee wirklich, das werde ich nie vergessen!«

Koordinations-ausschuß 10.6.

Im politischen Trägerkreis der Demonstration am 10.6. in Bonn arbeiteten folgende Gruppen:

In der Geschäftsführung:

Evangelische Studentengemeinde
c/o Peter Grohmann
Kniebisstr. 29
7000 Stuttgart 1
Tel. 0711/28 10 34-35

Bundeskonferenz entwicklungs-
politischer Aktionsgruppen
(BUKO) – Antiinterventions-
bewegung –
c/o Werner Rätz
Konrad-Adenauer-Platz 1
5300 Bonn 1, Tel. 0228/46 04 03

Bundesverband Bürgerinitiativen
Umweltschutz BBU
Hellbergstr. 6
7500 Karlsruhe
Tel. 0721/57 42 48

Deutsche Friedensgesellschaft/
Vereinigte Kriegsdienstgegner
DFG-VK
Rellinghauserstr. 214
4300 Essen 1, Tel. 0201/2 58 06

Anstiftung der Frauen zum Frieden
c/o Eva Quistrop
Bundesallee 139
1000 Berlin 41

Verband deutscher
Studentenschaften VDS
Kaiserstr. 71
5300 Bonn, Tel. 0228/22 30 75-76

des weiteren im politischen Trägerkreis:

Die Falken – Bundesvorstand
Kaiserstr. 71
5300 Bonn 1

Föderation Gewaltfreier Aktionsgruppen GA
c/o Helga Weber-Zucht
Steinbruchweg 14
3500 Kassel-Bettenhausen

Komitee für Frieden, Abrüstung
und Zusammenarbeit KOFAZ
Gottesweg 52
5000 Köln 51

Arbeitsgemeinschaft katholischer
Studenten und Hochschul-
gemeinden AGG
c/o Joh. Schnetteler
Rheinweg 34
5300 Bonn 1

Russel-Initiativen
c/o Jo. Wieland
Frankfurter Str. 74
5000 Köln 80

Sozialistische Deutsche Arbeiter
Jugend SDAJ
Sonnenscheingasse 8
4600 Dortmund

Bundeskongreß autonomer
Friedensinitiativen BAF
c/o Herbert Meyer
Dorstener Str. 115
4930 Bochum

Konferenz der Landesschüler-
vertreter NRW
Friederichstr. 61a
4000 Düsseldorf

Die Grünen
Friederich-Ebert-Allee 120
5300 Bonn 1

Deutsche Jungdemokraten –
Bundesvorstand –
Reuterstr. 44
5300 Bonn 1

Initiative Demokratische Sozialisten
DS
c/o Rita Twest
Rheinweg 12
5300 Bonn 1

Alle
reden vom
Frieden

Wir nicht.

Zweckverband der Rüstungsindustrie

Politische Plakate
von Klaus Staeck

Bitte fordern Sie unseren kostenlosen Gesamtkatalog,
den »Staeckbrief«, an.

Edition Staeck · Ingrimstr. 3 · 6900 Heidelberg